ESPERANTOLOGIO /
ESPERANTO STUDIES

Nova Serio 6 (14)
New Series 6 (14)

Esperantologio / Esperanto Studies (EES)

estas interfaka revuo kiu publikigas esplorojn pri ĉiuj fenomenoj rilataj al Esperanto kaj Interlingvistiko. Kreita en 1949, EES eldoniĝas sub la aŭspicio de la Centro de Esploro kaj Dokumentado pri Mondaj Lingvaj Problemoj (CED) ekde 2019. EES aperigas kontribuojn bazitajn sur originalaj studoj pri lingvosciencaj, historiaj, literatursciencaj, psikologiaj, sociologiaj kaj politikaj aspektoj de Esperanto.

EES publikigas fakajn artikolojn, esplorajn notojn kaj libro-recenzojn en Esperanto kaj en la angla lingvo, sed estas principe malferma al kontribuoj ankaŭ en aliaj lingvoj – tiusence, ĝi aparte kuraĝigas la recenzadon de alilingvaj libroj.

EES celas stimuli novajn alirojn al Esperantologio kaj subteni fakan interŝanĝon kaj kunlaboron, instigante esploristojn plifortigi siajn kontribuojn kaj eventuale ankaŭ aperigi ilin en nacilingvaj fakaj revuoj post ricevo de komentoj de aliaj esperantologoj.

La revuo aperas presite kaj rete. La reta versio estas libere disponebla ĉe la retejo de CED (https://interlingvistiko.net/interlingvistiko/). Presitaj versioj de la numeroj 3-8 estas haveblaj ĉe la eldonejo Kava-Pech (https://www.kava-pech.cz/#/), kaj la plej lastatempaj numeroj ĉe Mondial (https://www.esperantoliteraturo.com/).

Manuskriptojn kaj demandojn oni sendu al la du redaktoroj, Christopher Gledhill (christopher.gledhill@u-paris.fr) kaj Klaus Schubert (klaus.schubert@uni-hildesheim.de).

Manuskriptoj sekvu la gvidliniojn disponeblajn ĉe https://interlingvistiko.net/kontribuantoj-ees

Esperantologio / Esperanto Studies (EES)

is an interdisciplinary journal that showcases research on all phenomena related to Esperanto and Interlinguistics. Created in 1949, EES has been edited under the auspices of the Centre for Research and Documentation on World Language Problems (CED) since 2019. EES publishes contributions based on original studies about linguistic, historical, literary, psychological, sociological and political aspects of Esperanto.

EES publishes scholarly articles, research notes and book reviews in Esperanto and English, but is generally open to contributions in other languages as well – in this regard, it especially encourages reviews of books in other languages.

EES aims to encourage novel approaches to Esperanto Studies and to support scholarly exchange and collaboration, stimulating researchers to strengthen their contributions and perhaps go on to publish them in journals in national languages after receiving the comments of fellow Esperantologists, reviewers and readers.

The journal appears in print and online. The online version is available open access on the CED website (https://interlingvistiko.net/interlingvistiko/). Printed versions of issues 3-8 can be ordered from the publishing house Kava-Pech (https://www.kava-pech.cz/#/), and the most recent issues, from Mondial (https://www.esperantoliteraturo.com/).

Manuscripts and questions should be forwarded to the two editors, Christopher Gledhill (christopher.gledhill@u-paris.fr) and Klaus Schubert (klaus.schubert@uni-hildesheim.de).

Manuscripts must follow the guidelines available at https://interlingvistiko.net/kontribuantoj-ees

ESPERANTOLOGIO / ESPERANTO STUDIES

Nova Serio 6 (14)
New Series 6 (14)

Centro de Esploro kaj Dokumentado pri Mondaj Lingvaj Problemoj, kunlabore kun Mondial /
Centre for Research and Documentation on World Language Problems in collaboration with Mondial

Roterdamo, Nederlando / Novjorko, Usono
Rotterdam, Netherlands / New York, USA

2025

ESPERANTOLOGIO / ESPERANTO STUDIES

Redaktoroj / Editors
Christopher Gledhill (Université Paris-Cité, Francio / France)
Klaus Schubert (Universität Hildesheim, Germanio / Germany)

Redakta Komitato / Editorial Board
Probal Dasgupta (Indian Statistical Institute Kolkata, Barato / India)
Guilherme Fians (University of Manchester, Anglio / England)
Sabine Fiedler (Universität Leipzig, Germanio / Germany)
Gotoo Hitosi (Tohoku University Tokyo, Japanio / Japan)
Ilona Koutny (Uniwersytet im. Adama Mickiewicza, Pollando / Poland)
Sergej Kuznetsov (Moskovskij Gosudarstvennyj Universitet, Rusio / Russia)
Haitao Liu (Fudan University, Ĉinio / China)
Kaori Nagai (University of Kent, Anglio / England)
Marc van Oostendorp (Radboud Universiteit, Nederlando / Netherlands)
Humphrey Tonkin (University of Hartford, Usono / USA)

Redakta Konsilanto / Editorial Advisor
Christer Kiselman (Uppsala Universitet, Svedio / Sweden)

**Centro de Esploro kaj Dokumentado pri Mondaj Lingvaj Problemoj /
Centre for Research and Documentation on World Language Problems**

http://interlingvistiko.net

Nova Serio 6 (14) / New Series 6 (14)
© 2025 Universala Esperanto-Asocio kaj la aŭtoroj

ISBN 9781595695154
ISSN 1311-3496

Eldonisto: Mondial, Novjorko / Publisher: Mondial, New York
mondialbooks.com / esperantoliteraturo.com

ESPERANTOLOGIO / ESPERANTO STUDIES

Nova Serio 6 (14) New Series 6 (14)

Enhavo / Contents

Christopher Gledhill kaj Klaus Schubert: Antaŭparolo. Multfaceta Esperantologio 6

Mark Fettes: Renato Corsetti (1941–2025), Nekrologo 9

Renato Corsetti: Esperantistoj fronte al afrikaj lingvoj 14

Ilona Koutny: La rolo de István Szerdahelyi en interlingvistiko kaj esperantologio 28

Martine Mussies: Fanfiction in Esperanto – Esperanto in Fanfiction 45

GONG Xiaofeng: Apliko de Universalaj Trajtoj de Tradukado en la esperantigita ĉina klasika romano *Ruĝdoma Sonĝo* 71

Philippe Planchon: Evoluo de la afiksoj kaj de ilia memstara uzo en Esperanto 91

Bernd Krause: Inter armea lingvo kaj lingvo de paco. Observoj pri la uzado de Volapuko kaj Esperanto en la Duobla Monarkio de Aŭstrio-Hungario 106

Kristin Tytgat: La Internacia Asocio de Policistoj kaj Esperanto. Notico 127

Ulrich Lins: Recenzo de la libro Rapley, Ian. 2024. *Green star Japan: Esperanto and the international language question* 133

Dan Savatovsky: Compte-rendu du livre Sarikaya, Mira. 2023. *Die bestmögliche aller Sprachen* 136

Esperantologio / La Centro de Esploro kaj Dokumentado pri Mondaj Lingvaj Problemoj (CED) 142

Esperantologio / The Centre for Research and Documentation on World Language Problems (CED) 143

Antaŭparolo
Multfaceta Esperantologio

La antropologo David Graeber kaj la arkeologo David Wengrow distingas tri fundamentajn tipojn de libereco:

> [...] 1) the freedom to move away or relocate from one's surroundings, 2) the freedom to ignore or disobey commands issued by others, 3), the freedom to shape entirely new social realities, or shift back and forth between different ones.
>
> (Graeber kaj Wengrow 2021, 503)[1]

> '(1) la libereco formoviĝi aŭ translokiĝi de sia ĉirkaŭaĵo, (2) la libereco ignori aŭ malobei ordonojn donitajn de aliaj, (3) la libereco imagi tute novajn sociajn realaĵojn, aŭ migri tien kaj reen inter malsamaj."
>
> (nia traduko)

Al tiu triopo respondas – sed ofte ankaŭ kontraŭas – tri formoj de primitiva povostrukturo: suvereneco (konfirmata de fizika forto), burokratismo (legitimata per esoteraj scioj), kaj karisma politiko (dependanta de interpersona konkurado).

Laŭ Graeber kaj Wengrow, modernaj socioj karakterizeblas per amalgamo de tiuj povotipoj; sed tio ne estis (nek estos) la nepra rezulto de nia historio. Skizante panoramon pri la socia organizado de prahistoriaj popoloj, la aŭtoroj montras, ke indiĝenaj gentoj ree konceptis originalajn politikajn sistemojn, ofte malakceptante la kutimojn de siaj najbaroj per procezo, kiun la aŭtoroj amuze nomas "skismo-genezo".

La aŭtoroj aldonas, ke la retoriko de Okcidentanoj pri libereco kaj demokratio ne originis el debatoj inter Eŭropanoj, sed pere de kritika dialogo kun indiĝenaj graviduloj (precipe Kondiaronk, estro de la nord-amerika gento nomanta sin Wendat, kaj diplomato dum la jaroj 1680–1690). Laŭ la aŭtoroj, tiuj kritikoj spronis la antaŭulojn de Klerismo scivoli, kial modernaj socioj perdis la kvalitojn de fleksebleco kaj politika kreemo, kiuj ŝajne pli oftis en la pasinteco.

Kia konkludo por la Esperanta movado, kaj por Esperantologio pli precize? Unu leciono estas, ke eblecoj por socia emancipiĝo troviĝas en pli preciza kompreno de homa historio, surbaze de sciencaj pruvoj kaj debatoj. Tiel do povas roli movado kiel Esperantismo, kies imanenta modelo pri

---

1 Verko disponebla en la angla kaj pluraj aliaj lingvoj, inkluzive en la ĉina, franca, germana, hispana, itala, japana, rusa.

politika organizo implicas toleremon al sociaj alternativoj kaj malakcepton al provoj fiksi socian evoluon en ununuran trajektorion (Tonkin 2022). Kaj tiel povas ankaŭ utili revuoj kiel EES. Nur endas rigardi la enhavon de tipa kajero por konstati la diversajn manierojn, per kiuj manifestiĝas alternativemo kaj eksperimentemo en Esperanto kaj en la Esperantosfero.

Cetere en la diversaj biografioj kaj historiografioj, kiujn publikigis EES en la pasinteco, abundas ekzemploj de la tri liberecoj, kiujn proponis Graeber kaj Wengrow.

Pri la libereco translokiĝi, menciindas artikolo pri la totalisma periodo de la Soveta Unio, kiam la movado donis al kelkaj movadanoj – kelkaj por la unua fojo – eblecon vojaĝi internacie (Alcalde 2021). Pri la libereco malobei, ni citu la kazojn de Esperantistoj kiuj kuraĝe rezistis konformismon malgraŭ la ĉirkaŭa naciismo (Lins 2023). Kaj pri la libereco revi novan socion, inter multaj ekzemploj komprenble, ni nur citu la rekomendon adopti helplingvon kiel Esperanton ĉe la Bahaanoj (Nordenstorm 2015), kaj la ideologian evoluon de la Mondlingva Klubo de Nurenbergo (Sikosek 2005).

Ni lasas al la legantoj juĝi, ĉu kelkaj el tiuj tri specoj de libereco respondas aŭ ne al la kontribuoj de la aktuala kajero.

La ĉi-jara volumo tamen komenciĝas funebre. Mark Fettes per konciza nekrologo memorigas pri la elstara aktivulo de la Esperanto-movado kaj de esperantologio, Renato Corsetti, kiu forpasis en februaro 2025. Sekvas artikolo, kiun Renato Corsetti pretigis surbaze de sia prelego en la Esperantologia Konferenco en Aruŝo (Tanzanio) en 2024. En ĝi la aŭtoro apudmetas Esperanton al aro da ĉefaj afrikaj lingvoj, studas la strukturajn similecojn kaj malsimilecojn kaj traktas la disvastigon de Esperanto en Afriko. La kontribuo de Renato Corsetti al la scienca interlingvistiko sendube plueĥos dum multaj jaroj. Same eĥas la interlingvistika laboro de István Szerdahelyi, pri kies scienca verkado kaj instruado Ilona Koutny ĉi tie prezentas novan studon.

Martine Mussies kondukas nin en la mondon de interreta fikcio, kie Esperanto aperas jen kiel ilo de komunikado, jen kiel ekzotika enplektaĵo en alilingvaj tekstoj. GONG Xiaofeng dediĉas sian atenton al alia formo de fikcio: Ŝi aplikas nuntempajn tradukologiajn kriteriojn al klasika ĉina romano el la 18-a jarcento, kies nuntempaj esperantaj tradukantoj devas transponti grandan lingvan, tempan kaj kulturan distancon. Philippe Planchon prenas sub sian lupeon karakterizan lingvan kapaciton de Esperanto. Li studas la memstaran uzon de afiksoj en historia kaj nuntempa perspektivoj.

En alian sferon nin invitas Bernd Krause. Lia historia studo analizas la proponojn kaj faktajn provojn pri interetna uzo de Volapuko kaj Esperanto en la armeo de Aŭstrio-Hungario fine de la 19-a kaj komence de la 20-a jarcentoj kaj, kontraste, en la tiuepoka pacmovado. Similan temon el la 21-a jarcento tuŝas la notico de Kristin Tytgat pri la uzo de esperantlingva devizo ĉe la Internacia Asocio de Policistoj.

La volumon kompletigas du recenzoj. Ulrich Lins analizas la libron *Green star Japan* 'Verdstela Japanio' de Ian Rapley, kiu temas pri la problemo de internacia lingvo inkluzive de la rolo de Esperanto en Japanio dum la 20-a jarcento. Dan Savatovsky traktas la hamburgan doktoran disertaĵon de Mira Sarikaya, *Die bestmögliche aller Sprachen* 'La plejeble bona lingvo'. La filozofia disertaĵo baziĝas sur la verkaro de Leibniz pri universala lingvo, analizas Esperanton kaj aliajn planlingvojn kaj proponas internacian konceptaron semantike difinendan.

Ni deziras fruktodonan legadon kaj invitas aŭtorojn sendi al nia revuo siajn esperantologiajn aŭ interlingvistikajn manuskriptojn.

Christopher Gledhill kaj Klaus Schubert

Bibliografio

Alcalde, Javier. 2021. "Kio okazis en la komunismaj landoj de meza kaj orienta Eŭropo?" *Esperantologio / Esperanto Studies* 10, Nova serio 2: 65–74. https://doi.org/10.59718/ees61542

Graeber David kaj David Wengrow. 2021. *Dawn of Everything. A New History of Humanity* 'La Estiĝo de ĉio. Nova historio de la Homaro'. London: Allen Lane.

Lins, Ulrich. 2023. "Recenzo de la libro O'Keeffe, Brigid. 2021. Esperanto and Languages of Internationalism in Revolutionary Russia." *Esperantologio / Esperanto Studies* 13, Nova serio 5: 117–120. https://doi.org/10.59718/ees11457

Nordenstorm, Leif. 2015. "Views on Esperanto in the Bahá'í faith: A revised subchapter in *Bahá'u'lláh and the New Era*." *Esperantologio / Esperanto Studies* 7: 41–60. https://doi.org/10.59718/ees52479

Sikosek, Marcus. 2005. "Dokumente zum 'Weltspracheverein Nürnberg'." *Esperantologio / Esperanto Studies* 3: 45–54. https://doi.org/10.59718/ees45731

Tonkin, Humphrey. 2022. "Esperanto: esploraj prioritatoj." *Esperantologio / Esperanto Studies* 11, Nova serio 3: 86–107. https://doi.org/10.59718/ees62843

Mark Fettes
Simon Fraser University, Kanado

Renato Corsetti (1941–2025)
Nekrologo

La 1-an de februaro 2025 forpasis en Londono Renato Corsetti, eksa prezidanto (2001–2007) kaj honora prezidanto (2023–2025) de Universala Esperanto-Asocio kaj multjara kontribuanto al la interlingvistika literaturo, inter diversaj aliaj okupoj ligitaj al Esperanto. Kvankam oni verŝajne ne unuavice memoros lin kiel akademian verkiston, en pli larĝa senco li prezentas interesan kazon de "intellettuale organico" laŭ la koncepto de Antonio Gramsci – t.e. intelektulo, kies pensado kaj agado estas ankritaj en difinita socia klaso kiu strebas al socia transformiĝo. Konsentite, kompreneble, ke la esperantistoj ne konsistigas realan socian klason, nek socion kun internaj klasaj dividoj. Tamen, la diversaj intervenoj kaj kontribuoj de Corsetti ofte prezentis la esperantistaron kiel specon de socia avangardo, kies kerno estis la "ordinaraj" esperantistoj aktivaj en siaj kluboj kaj landaj asocioj, kvazaŭ la laborista klaso de la movado.

Corsetti venis iom malfrue al Esperanto, dudekkelkjara, ĝuste en la socie tumulta epoko de la malfruaj sesdekaj jaroj. Verŝajne jam tiam formiĝis liaj maldekstraj politikaj konvinkoj, kiuj ne ŝanceliĝis dum la posta duona jarcento. Doktoriĝinte pri ekonomia scienco en la Universitato de Romo "La Sapienza" (1964), kaj malgraŭ sia revoluciemo, li dum multaj jaroj laboris en itala banko. Lia esperantistiĝo malfermis novajn intelektajn horizontojn; ekde 1974 li komencis studi sociolingvistikon, lingvopolitikon kaj lingvoplanadon en la sama universitato. En tiuj jaroj li ekkunlaboris kun la revuo *Language Problems and Language Planning*, interalie kiel recenzoredaktoro, kaj publikigis kelkajn fruajn studojn pri lingvo kaj politiko (ekz. Corsetti, Cardona kaj La Torre 1974; Corsetti 1976). En 1981 li fondis esperantlingvan familion kun sia dua edzino Anna Löwenstein, kaj la edukado de du filoj en tia medio kondukis lin al esploroj pri psikolingvistiko kaj infana dulingveco. Pri tiuj temoj li instruis en la psikologia fako de la universitato de 1991 ĝis 2009, fine kiel profesoro pri psikopedagogio de lingvo kaj komunikado. (Ĉe itala eldonejo aperis lia lernolibro pri la fako: Corsetti 2003.)

La esperantologiaj kontribuoj de Corsetti rilatas ĉefe al tri temoj:

1. infana lernado de Esperanto en plurlingva medio (Corsetti 1990; Corsetti kaj Taeschner 1992; Corsetti 1993; 1994; 1996b; Corsetti, Pinto kaj Tolomeo 2004; Corsetti kaj Nagata 2005; Corsetti 2005);
2. kiom kaj kiel la lernado de Esperanto faciligas la lernadon de postaj lingvoj (Corsetti kaj La Torre 1993; 1995; 2001; Corsetti kaj Pinto 2001a; 2001b; Corsetti 2009);
3. komparoj inter Esperanto kaj kreolaj lingvoj (Corsetti 1996a; Corsetti 1999; Corsetti 2010). Supozeble li venis al ĉi tiu komparo pro siaj observoj pri la uzado de Esperanto ĉe infanoj, i.a. la reguligaj tendencoj notitaj en Corsetti, Pinto kaj Tolomeo (2004); la temo estas esplorita pli detale en Corsetti (2005).

Jam frue en sia esplora kariero Corsetti ekinteresiĝis pri la leksika evoluo de Esperanto (Corsetti, La Torre kaj Vessella 1980), kaj tio poste fariĝis temo de diversaj publikaj elpaŝoj liaj, sekvante la aperon de *La bona lingvo* de Claude Piron (1989). En tiu libroforma polemika eseo, Piron prezentis detalan argumenton por maksimuma utiligo de la vortokreaj ebloj de Esperanto, prefere al pruntado de "internaciaj vortoj" laŭ la 15-a regulo de la Fundamenta Gramatiko. Sekve Corsetti kaj Löwenstein kunlaboris por starigi retejon por kuraĝigi kaj subteni tian evoluvojon por Esperanto; diversaj tekstoj de Corsetti estas plu legeblaj tie (http://bonalingvo.net/). Sur ĉi tiu kampo, kerne rolis la politika orientiĝo de Corsetti: li rigardis Esperanton kiel rimedon por antaŭenigi socian justecon kaj homajn rajtojn je monda skalo (Corsetti 2001a), kaj vidis ĝian leksikan plivastiĝon kiel minacon al tiu projekto, se ĝi baziĝus sur ekskluzive eŭropaj fontoj (Corsetti 2001b). En 2001 li kaj Löwenstein elektiĝis al la Akademio de Esperanto, kiel anoj de moderniga tendenco kiu celis proksimigi ĝin al la bezonoj de ordinaraj esperantistoj. En tiu kunteksto menciindas ankaŭ lia multjara okupiĝo pri "tabuaj kaj insultaj esprimoj" en Esperanto, kolektitaj en la glosaro *Knedu min sinjorino!* (Corsetti 2006) kies dua eldono aperis en 2008 ĉe La Kancerkliniko.

Renato Corsetti estis homo, kiu facile moviĝis inter ĉiuj tavoloj de la Esperanto-movado, kiel populara parolanto kaj aktivulo kun tutmonda renomo. Liaj interlingvistikaj kontribuoj (parte lokitaj en longa kaj elstara itala tradicio: Corsetti 1985; Corsetti 2008) konsistigis nur kelkajn facetojn de lia rimarkinda kariero.

La gamon de liaj interesoj kaj kontribuoj bele spegulis la festlibro por lia 75-a datreveno, *Lingua politica cultura* (red. F. Gobbo 2016), kun 29 kontribuoj traktantaj lingvopolitikon, esperantologion, lingvolernadon kaj aliajn temojn. Sed lia koro ĉiam hejmis inter la simplaj uzantoj kaj aktivuloj de la lingvo, kiujn li nelacigeble subtenis kaj ĉampionis, strebante ilin inspiri al solidareco kaj komuna agado.

Selektita bibliografio

Corsetti, Renato, Giorgio Cardona kaj Mauro La Torre, red. 1974. *Raporto pri la Seminario "Lingvo kaj Socio"*. Amsterdam: Tutmonda Esperantista Junulara Organizo. Vd. ankaŭ "Marksismo kaj lingva libereco", p. 1-4, kaj "Lingvistiko kaj politiko", p. 5-27.

Corsetti, Renato, red. 1976. *Lingua e politica. Imperialismi, identità nazionali e politiche linguistiche in Asia, Africa, America Latina*. Roma: Officina Edizioni. Vd. ankaŭ "La lingua come strumento politico", p. 7-24.

Corsetti, Renato, Mauro La Torre kaj Nino Vessella. 1980. "Pliriĉigo de la morfemaro en la internacia planlingvo." En *Miscellanea Interlinguistica*, redaktis István Szerdahelyi, 368-379. Budapest: Teknika Universitato Eötvös Loránd.

Corsetti, Renato. 1985. "Konata lingvisto kaj konata interlingvisto." En Bruno Migliorini, *Lingvaj aspektoj de Esperanto*, 5-6. Pisa: Edistudio.

Corsetti, Renato. 1990. "Early language development of a trilingual child: The role of contrast." En *Dimensions of Bilingual Development*, redaktis Jochen Rehbein kaj Traute Taeschner, 67-89. Clevedon: Multilingual Matters.

Corsetti, Renato kaj Traute Taeschner. 1992. "Kiel trilingva infano lernas distingi inter lingvoj." *Internacia Pedagogia Revuo* 22, kajerio 3: 1-10.

Corsetti, Renato kaj Mauro La Torre. 1993. "Paderborn e dintorni: Possibili condizioni per un esperimento sul valore propedeutico della lingua internazionale esperanto." *Rassegna Italiana di Linguistica Applicata* kajero 3: 115-136.

Corsetti, Renato. 1993. *Macchina Daddy Lampo: Alcune osservazioni su un caso di trilinguismo dalla nascita in italiano, inglese ed esperanto*. Speciala kajero de *L'esperanto*. Milano: FEI.

Corsetti, Renato. 1994. "Kiun lingvaron vi parolas? Observoj pri multlingveco kaj Esperanto en ĝi." En *Internacia familio – utopio aŭ realaĵo*, redaktis Zlatko Tiŝljar, 49-53. Maribor: Interkulturo.

Corsetti, Renato kaj Mauro La Torre. 1995. "Quale lingua prima? Per un esperimento CEE che utilizzi l'esperanto." *Language Problems and Language Planning* 19, kajero 1: 26-46.

Corsetti, Renato. 1996a. "Esperanto kaj kreolaj lingvoj: komunaj kaj malkomunaj trajtoj en la kreoliĝo." En *Multkulturaj familioj de nuntempa Eŭropo*, redaktis Stanislav Košecký, 11-36. Bratislava: Esprima.

Corsetti, Renato. 1996b. "A mother tongue spoken mainly by fathers." *Language Problems and Language Planning* 20, kajero 3: 263-273.

Corsetti, Renato. 1999. "Kreoliĝo de Esperanto inter personaj gustoj kaj oficiala normo." En *Por aktiva lingvopolitiko*, redaktis Detlev Blanke,

Roy McCoy kaj Osmo Buller, 43–60. Rotterdam: Universala Esperanto-Asocio.

Corsetti, Renato kaj Mauro La Torre. 2001. "Ĉu klara strukturo estas instrua?" *Interface. Journal of Applied Linguistics* 15, kajero 2: 179–202. – ankaŭ en *Planned Languages: From Concept to Reality*, redaktis Klaus Schubert, 179–202. Brussel: Hogeschool voor Wetenschap en Kunst. http://d-nb.info/1239423241/34

Corsetti, Renato. 2001a. "Homaj rajtoj, lingvaj homaj rajtoj, kaj Esperanto." En *Studien zur Interlinguistik / Studoj pri interlingvistiko. Festlibro omaĝe al la 60-jariĝo de Detlev Blanke*, redaktis Sabine Fiedler kaj Liu Haitao, 95–106. Dobřichovice (Praha): Kava-Pech.

Corsetti, Renato. 2001b. "Esperanto en Eŭropo kaj Maleŭropo." En *Esperanto en la 21-a jarcento*, redaktis Lee Chong-Yeong, 325–336. Seulo: Korea Esperanto-Asocio. https://books.google.com

Corsetti, Renato kaj Maria Antonietta Pinto. 2001a. "Imparare l'esperanto e migliorare le capacità di riflettere sull'italiano. Un'esperienza a livello di scuola media." *Rivista di Psicolinguistica Applicata* 2: 67–84.

Corsetti, Renato kaj Maria Antonietta Pinto. 2001b. "Ricadute metalinguistiche dell'insegnamento dell'esperanto sulla lingua materna dell' alunno: Un'esperienza nella scuola media italiana." *Language Problems and Language Planning* 25, kajero 1: 73–90.

Corsetti, Renato. 2003. *Appunti di psicopedagogia del linguaggio e della comunicazione*. Roma: Edizioni Kappa.

Corsetti, Renato, Maria Antonietta Pinto kaj Maria Tolomeo. 2004. "Regularizing the regular: The phenomenon of overregularization in Esperanto-speaking children." *Language Problems and Language Planning* 28, kajero 3: 261–282.

Corsetti, Renato kaj Hiroshi Nagata. 2005. "Influoj de gepatra lingvo sur la lernadon de Esperanto: psikolingvistika esploro." *Esperantologio / Esperanto Studies* 3: 5–39. https://doi.org/10.59718/ees35184

Corsetti, Renato. 2005. *L'esperanto dalla nascita: tra creatività e creolizzazione – alcuni aspetti dell'apprendimento della lingua internazionale dalla nascita*. Speciala kajero de *L'esperanto*. Milano: FEI.

Corsetti, Renato. 2006. *Knedu min, sinjorino! Tabuaj kaj insultaj esprimoj en Esperanto!* 2-a eld. 2008. Thaumier: LKK.

Corsetti, Renato, red. 2008. *Vojoj de interlingvistiko: de Bruno Migliorini al la nuna tempo*. Pisa: Edistudio.

Corsetti, Renato. 2009. "La lernofaciliga valoro de Esperanto: De Szerdahelyi al Springboard to Languages." En *Abunda fonto: Memorlibro omaĝe al prof. d-ro István Szerdahelyi*, redaktis Ilona Koutny, 256–265. Poznań: ProDruk / Steleto.

Corsetti, Renato. 2010. "Ŝanĝiĝo de vortaro en kreolaj lingvoj: La ekzemplo de Esperanto." En *La arto labori kune: Festlibro por Humphrey Tonkin*, redaktis Detlev Blanke kaj Ulrich Lins, 373–385. Rotterdam: Universala Esperanto-Asocio.

Corsetti, Renato kaj Anna Löwenstein. 2020. La bona lingvo. http://bonalingvo.net/

Aliaj menciitaj verkoj

Gobbo, Federico, red. 2016. *Lingua, politica, cultura. Serta gratulatoria in honorem Renato Corsetti*. Novjorko: Mondial.

Piron, Claude. 1989. *La bona lingvo*. Vieno: Pro Esperanto / Budapest: Hungara Esperanto-Asocio. http://claudepiron.free.fr/livres/La_bona_lingvo_pdf.zip

Pri la aŭtoro

Mark Fettes estas la direktoro de la Centro de Esploro kaj Dokumentado pri Mondaj Lingvaj Problemoj kaj profesoro pri edukado en Universitato Simon Fraser, Kanado. Liaj esploroj traktas interalie la mastrumadon kaj revigligon de indiĝenaj lingvoj, la sociologion de la Esperanto-komunumo, kaj multlingvismon en la programoj de Unuiĝintaj Nacioj.

Retadreso: mtfettes@sfu.ca
ORCID-numero: 0000-0003-4147-7879

About the author

Mark Fettes is the Director of the Centre for Research and Documentation on World Language Problems and Professor of Education at Simon Fraser University, Canada. His research deals with the management and revitalization of Indigenous languages, the sociology of the Esperanto community, and multilingualism in the programs of the United Nations among other topics.

Sur l'auteur

Mark Fettes est directeur du Centre de recherche et de documentation sur les problèmes linguistiques mondiaux et professeur d'éducation à l'Université Simon Fraser, au Canada. Ses recherches portent entre autres sur la gestion et la revitalisation des langues indigènes, la sociologie de la communauté espérantophone, et le multilinguisme dans les programmes des Nations Unies.

Renato Corsetti
(emeritiĝinta el)
Universitato de Romo "La Sapienza"

Esperantistoj fronte al afrikaj lingvoj

Resumo: Esperanto disvastiĝas tre rapide nun en Afriko kaj la entuziasmo pri ĝi eĉ superas tiun en aliaj kontinentoj. Intertempe la lingva situacio en Afriko komencas ŝanĝiĝi favore al uzado de lokaj lingvoj ankaŭ en Okcidenta Afriko. Estas kelkaj ĉefaj kaŭzoj pri tio, kiuj resumeblas per ŝanĝo de la politiko de la Monda Banko, kiu dum jardekoj donis pruntojn al evoluantaj landoj nur kun la kondiĉo, ke ili instruu grandajn internaciajn lingvojn. El tio sekvas, ke oni pli kaj pli ekuzas afrikajn lingvojn en edukado. Sekve nia movado bezonas la samajn komparajn studojn, kiujn oni jam faris en la pasintaj jardekoj pri la suahila, se oni volas vere produkti lerno-materialon efikan pri Esperanto en afrikaj lingvoj.

Ŝlosilvortoj: Esperanto, haŭsa, suahila, niĝeraj-kongaj lingvoj

1 Enkonduko

La libro de Heidi Goes (2007) bonege dokumentas la unuajn kontaktojn inter Afriko kaj esperantistoj.[1] Temis, kiel oni povas supozi, pri esperantistaj funkciuloj de la koloniaj potencoj en Afriko, kaj en la administra kaj en la armea sektoroj. Malgraŭ la malfacilaj kondiĉoj ili atingis konsiderindajn rezultojn ĉefe en Norda Afriko, de Alĝerio al Egiptujo, sed plejparte inter kuneŭropanoj. En esperantistaj fontoj estas menciata la kapitano Auguste Capé-Montrosier, kiu en 1903 komencis fari "neordinare viglan propagandon per artikoloj kaj paroladoj" ... kaj kun Harold Tarry li fondis samjare la unuan Esperanto-grupon (Goes 2007: 16). Ankaŭ en Egiptujo tre frue, en 1901 artikoloj verkitaj de René Japiot en Aleksandrio aperis en *La Correspondence Egyptienne illustrée*, al kio sekvis aliaj agadoj ĝis la komenco de la unua mond-milito, kiam esperantistoj foriris al Eŭropo kaj la agado en Egiptujo preskaŭ estingiĝis (Goes 2007: 19).

---

1 Redakcia noto: Ni funebras la aŭtoron de ĉi tiu artikolo. Renato Corsetti forpasis en februaro 2025. Nekrologo aperas en ĉi tiu kajero de la revuo. La artikolo baziĝas sur prelego de Renato Corsetti eldirita en la Esperantologia Konferenco kadre de la Universala Kongreso de Esperanto en Aruŝo (Tanzanio) en aŭgusto 2024. La manuskripton la aŭtoro submetis al nia revuo en aŭtuno 2024. La formalaĵojn de la revua stilo kaj de la bibliografio ni tamen devis finfari sen povi peti la aprobon de Renato Corsetti. Krom la redaktoroj la tekston redaktis la edzino de la aŭtoro, Anna Löwenstein. Ni ankaŭ dankas pro helpo de Michele Gazzola.

Simile en Sud-Afriko estis esperantistoj jam antaŭ la fino de la 19-a jarcento. Sed en tiu epoko tute neniel estis interesiĝo pri afrikaj lingvoj fare de la tiamaj esperantistoj, krom iom da materialo aperinta en Egiptujo en la araba, kaj la situacio restis tia ĝis la 1960-aj jaroj, kiam la ondo de sendependiĝo en Afriko post la dua mond-milito estis en plena progreso.

Post la Karavano de Amikeco de Tibor Sekelj, kiu tuŝis plurajn afrikajn landojn kaj faris kontaktojn kun politikistoj kaj intelektuloj, en 1962 aperis teksto de Sekelj mem. La broŝuro *Esperanto: Komuna Lingvo por Afriko – Komuna Lingvo por la Mondo!* aperis en la angla, la franca kaj la araba (Sekelj 1962a,b,c). Sed ĝi ne aperis en iu ajn afrika lingvo. Verdire jam en 1953 Unesko estis eldoninta siajn konsilojn al aziaj kaj afrikaj liberiĝintaj landoj pri ekuzado de la propraj lingvoj ĉefe en edukado, sekve de multaj studoj pri apartaj landoj kaj pri kunveno de fakuloj en 1951 (Unesco 1953), sed tiuj konsiloj restis neatentitaj dum duona jarcento.

En la menciita teksto oni simple alvokis afrikanojn esti ekzemplo por la mondo pri justa solvo de la komunikaj problemoj inter malsamlingvaj grupoj en Afriko.

Ĉiuokaze de tiu periodo komenciĝis pli aktiva interesiĝo ĉe esperantistaj organizaĵoj pri Esperanto en Afriko. Oni komencis okupiĝi pri la kontaktoj faritaj de Sekelj dum la vojaĝo de la Karavano de Amikeco kaj fine en la 1970-aj jaroj broŝuro de UEA kaj TEJO aperis en 1979 ankaŭ en la suahila:[2] *Kwa kulinda tamaduni za Afrika* 'Por defendi afrikajn kulturojn' (UEA / TEJO 1979).

2 Nuna situacio

El la dua duono de la 1970-aj jaroj laŭgrade oni ekinformis afrikanojn pri Esperanto per anoncoj en loke legataj gazetoj. Hans Bakker, multe helpata de Germain Pirlot, okupiĝis pri la franclingvaj landoj de Afriko kaj Nino Vessella en la komenco de la 1980-aj jaroj pri la suahillingvaj landoj, kie aperis anoncoj en Kenjo kaj Tanzanio ekde 1981.[3] Kaj en 1982 aperis la lernolibro en la suahila de Nino Vessella: *Jifunze lugha ya Kiesperanto* 'Lernu la lingvon Esperanto' (Vessella 1982), kiu de tiam estis utiligata en la landoj de Orienta Afriko, dum Hans Bakker uzis ĉefe franclingvajn lernolibrojn kaj foje anglalingvajn.

Ĉi tiu agado estis ĉiam pli sukcesa, komencis okazi afrikaj kongresoj kaj la movado tiom kreskis, ke oni alvenis en 2024 al la unua afrika Universala Kongreso en Aruŝo, Tanzanio. Sed la rilato de esperantistoj kaj de la afrikaj

---

2 Redakcia noto: La nomon de la lingvo, kiu en PIV estas svahila, la aŭtoro sisteme literumas suahila.
3 *Jeune Afrique* estis la franclingva revuo pleje uzita de Hans Bakker, *Taifa Leo*, *Taifa Weekly* kaj *Uhuru* tiuj uzitaj de Nino Vessella.

registaroj al afrikaj lingvoj restis apenaŭa. En la plejmulto de afrikaj landoj la ekskoloniaj eŭropaj lingvoj estis la sola lingvo uzata en lernejoj, kaj Esperanto estis instruata pere de tiuj lingvoj. Interalie la internaciaj premoj favoraj al tiuj lingvoj restis konstantaj dum jardekoj ĝis lastatempe. Fakte nur en 2021 la Monda Banko abrupte ŝanĝis sian politikon pri preferataj lingvoj en instruado kaj transiris de favorado de instruado per la grandaj internaciaj lingvoj al favorado de instruado en lokaj lingvoj per la politika deklaro aperinta en la 14-a de julio 2021: *Loud and Clear: Effective Language of Instruction Policies for Learning* 'Laŭte kaj klare: politikoj pri efikaj lingvoj de instruado' (World Bank 2021):

> Poor Language of Instruction policies harm learning, access, equity, cost-effectiveness, and inclusion. Yet nearly 37% of students in low- and middle-income countries are taught in a language they do not understand. Massive learning improvements are feasible by teaching in a small number of additional languages. The World Bank's first Policy Approach Paper on Language of Instruction offers an indication of the work that will be undertaken to support countries in introducing reforms that will result in more resilient, equitable, and effective systems by promoting teaching in the languages that students and teachers speak and understand best.

> (Netaŭgaj politikoj pri instrulingvoj malhelpas lernadon, alireblon, justecon, kost-efikecon kaj inkluzivigon. Tamen preskaŭ 37 elcentoj de studentoj en landoj kun malaltaj aŭ mezaj enspezoj estas instruataj en lingvo, kiun ili ne komprenas. Enormaj lerno-plibonigoj estas atingeblaj per instruado en malgranda nombro da aldonaj lingvoj. Per sia unua 'Dokumento pri la aliro al politikoj pri instruaj lingvoj' la Monda Banko prezentas indikojn pri la laboro farota por subteni landojn, kiuj enkondukos reformojn, kie rezultos sistemoj pli elastaj, justaj kaj efikaj per antaŭenigo de instruado en la lingvoj, kiujn studentoj kaj instruistoj parolas kaj komprenas plej bone.) (nia traduko)

Preskaŭ samtempe la Organizaĵo de franclingvaj landoj, Organisation internationale de la Francophonie (OIF), ekfunkciigis similan programon, ELAN, kiu celas certigi

> [...] l'accès de tous les élèves à un enseignement de base dans une langue qu'ils maîtrisent pour ensuite faciliter l'acquisition d'une ou plusieurs autres langues et faciliter également la maîtrise des autres disciplines scolaires et ainsi améliorer les performances scolaires y compris en français. Une telle offre permet ainsi non seulement d'améliorer la qualité des premiers apprentissages mais également de répondre au défi de l'éducation du 21ème siècle [...]. (IFEF 2024)

([...] la eniron de ĉiuj lernantoj al unua instruado en lingvo, kiun ili mastras, por poste faciligi la akiron de unu aŭ pluraj aliaj lingvoj kaj faciligi samtempe la mastrumadon de aliaj lernejaj temoj kaj tiel plibonigi la lernejajn rezultojn, inkluzive en la franca. Tia oferto permesas ne nur plibonigi la kvaliton de la unua lernado sed samtempe respondi al la defioj de edukado de la 21-a jarcento [...].)

La retejo de OIF informas, ke nuntempe la programo ELAN donas subtenon teĥnikan kaj financan al 13 landoj partneraj: Burkinafaso, Burundo, Ebura Bordo, Kameruno, Gvineo, Malagasujo, Malio, Maŭritanio, Niĝero, Konga Demokratia Respubliko, Senegalo kaj Togolando, dum Benino estis partnero nur de 2012 ĝis 2017 (informo laŭ IFEF 2024).

Do estas evidente, ke la du grandaj subtenantoj de la uzo de eŭropaj lingvoj ŝanĝis siajn sintenojn, kaj tio laŭgrade devos ŝanĝi la situacion en Afriko mem. Alivorte la eksaj koloniantoj pli rapide ol la afrikaj ministroj pri edukado, kvankam kun 70-jara malfruo, akceptis la rekomendojn de Unesko kaj de ĉiuj lingvistoj, kiuj okupiĝis pri la temo.

Nur malmultajn vortojn ni diru pri la situacio en orientrafrikaj landoj, kie la lingvo efektive parolata de ĉiuj en ĉiuj niveloj estas la suahila, kiel povis konstati la partoprenintoj en la Universala Kongreso, sed tie la suahila, malgraŭ sia uzateco, devas ankoraŭ kontraŭbatali la emojn al la angla. Fakte en la pasinta jarcento sub la prezidado de Julius Nyerere la suahila ricevis grandan impulson. Ni reprenas citaĵon el libro pri la evoluo de la suahila:

La dua politika periodo komenciĝas en 1967, sekve de la fama Aruŝa-deklaro kaj de la broŝuro de Prezidanto Njerere "Eduko al Memfido" [...] Ĝi [la suahila] do anstataŭas definitive la anglan kiel instrulingvon en la unuagradaj lernejoj. La angla restas kiel fremda lingvo [...] [sed post la foriro de Njerere] [...] la registaro petis la Britan Konsilantaron analizi la problemon kaj proponi solvon. [...] Do en la jaro 1983-a la esploro farita de la Brita Konsilantaro konstatis la samajn problemojn rimarkitajn de la tanzanaj esploristoj, sed konkludis ke la angla lingvo devas pluesti la instrulingvo. (Vessella 2024)

Kaj la situacio ankoraŭ restas la sama, kun la suahila uzata de ĉiuj, ĉie, kaj la angla uzata en la supera kaj universitata instruado.

Tia, mallonge priskribita, estas la nuna situacio en Afriko en 2024, en kiu Esperanto estas instruata per la franca, la angla kaj la suahila. Kursoj en portugallingvaj landoj apenaŭ ekzistas.

3 Esperanto kaj la suahila

Kiel mi skribis pli frue, la atento de esperantistoj pri la suahila lingvo komenciĝis en la komenco de la 1980-a jaroj per la apero de la lernolibro de Nino Vessella (1982): *Jifunze lugha ya Kiesperanto* kaj ĝi daŭris seninterrompe ĝis la ĉi-jara Universala Kongreso en Tanzanio. Tra la jaroj aperis ankaŭ romano tradukita el la suahila (Topan kaj Husein 1984), eĉ speco de Parnasa Gvidlibro pri la suahilaj poemo-formoj (Vessella 1980), kaj kelkaj komparoj inter Esperanto kaj la suahila, pri kiuj oni povas legi en Vikipedio (Svahila lingvo 2025). Sed pro la daŭra disvastiĝo de Esperanto en suahil-lingvaj regionoj de Orienta Afriko, ILEI mem sentis la bezonon reeldoni la lernolibron de Vessella en 2021, kiel kvaran eldonon nove prilaboritan. Fine dum la jaro de la Universala Kongreso la intereso de esperantistoj pri la suahila vere eksplodis per pluraj kursoj por lerni ĝin per Esperanto.

Kaj malgraŭ la kompleta malsameco de la vorttrezoro oni povus ŝerce sin demandi: *Je Zamenhof alisema kiswahili?* 'Ĉu Zamenhof parolis la suahilan?' La respondo evidente estas: Nepre ne! Unuflanke ne estas informoj pri tio en la kelkaj studoj pri la vivo de Zamenhof, kaj duaflanke germanoj ekokupis Orientan Afrikon en 1885 kaj kvankam ili interesiĝis pri la suahila, starigis lernejojn [*shule* (lernejo) en la suahila estas klara atesto pri tio], ili bezonis iom da tempo por verki lernolibrojn en la germana, kiujn Zamenhof estus povinta akiri.

Sed pro hazarda koincido estas multaj similecoj inter Esperanto kaj la suahila. Unue la son-sistemo estas surprize simila. La vokaloj estas: /a, e, i, o, u/ precize kiel en Esperanto, sen distingoj pri vasteco/malvasteco, longeco/mallongeco. Ili estas tiom similaj al Esperanto, ke lernolibro penas klarigi al franclingvaj kongolandanoj forgesi pri la franca elparolo de vokalo plus n: "an, on, en, in hutamkwa ['oni prononcu:'] a-nn, o-nn, e-nn, i-nn" (Muhire 2024). Konsonantoj sen problemoj estas: b, d, f, g, h, k, l, m, n, p, r, s, t, v, z, kaj pri la ceteraj ĉefe oni devas instrui kiel literumi ilin: C kiel ts; Ĉ kiel ch; Ĝ kiel j; Ĥ kiel kh; J kiel y; Ŝ kiel sh; Ŭ kiel w. La sola problema sono restas Ĵ kiel ʒ aŭ j en la franca. Kaj la akcento estas precize kiel en la pola kaj en Esperanto sur la antaŭlasta vokalo. Sekve de tio suahil-lingvanoj lernantaj Esperanton elparolas ĝin pli bone post du semajnoj ol francoj post du monatoj kaj angloj post du jaroj. Kaj tio ĝenerale validas por ĉiuj bantu-lingvanoj.

Sed la profundaj similecoj estas troveblaj en la morfologio kaj iugrade en la sintakso. La morfologio de la suahila – kaj de ĉiuj aliaj bantuaj lingvoj – sekvas ĉi tiun modelon: radiko, kiu donas la ĝeneralan ideon, kiu per prefiksoj kaj enfiksoj (antaŭmorfemoj kaj enmorfemoj) ricevas sian faktan signifon en la frazo. Jen ekzemplo:

infanO	Mtoto
infanOJ	WAtoto
infanECO	Utoto
InfanE	Kitoto

Esperanto uzas finaĵojn kaj la suahila komencaĵojn, sed la principo estas la sama, kiun abunde uzas instruistoj de Esperanto en suahillingvaj regionoj. Ni donu ankoraŭ ekzemplojn pri la verboj:

mi vojaĝas =
nasafiri = *ni*-NA-safiri = *mi*-AS-vojaĝ

mi vojaĝis =
nilisafiri = *ni*-LI-safiri = *mi*-IS-vojaĝ

mi vojaĝos =
nitasafiri = *ni*-TA-safiri = *mi*-OS-vojaĝ

vojaĝi =
kusafiri = KU-safiri = I-vojaĝ

Kaj la sistemo funkcias same regule por ĉiuj tempoj kaj ĉiuj verboj. Ni citu ankoraŭ kelkajn ekzemplojn:

mi manĝus =
ningekula = *ni*-NGE-kula = *mi*-US-manĝ

mi estus leginta =
ningalisoma = *ni*NGALI-soma = *mi* US-INT-leg

kaj iom da infinitivoj:

*ku*sema, *ku*soma, *ku*la, *kw*enda, *ku*fika, *ku*pika
dir*i*, leg*i*, manĝ*i*, ir*i*, alven*i*, kuir*i*

Kompreneble ekzistas aliaj kampoj de la du lingvoj, en kiuj ili komplete malsamas, ekzemple la vortaro. La suahila vortaro konsistas, krom el bantuaj vortoj, 15-elcente el arabdevenaj vortoj, proksimume 5-elcente el angladevenaj vortoj, proksimume 4-elcente al persdevenaj vortoj kaj iom malpli el hinddevenaj vortoj kaj fine malmultaj vortoj portugal-devenaj kaj eĉ malagas-devenaj.

Ankoraŭ pli malsama rilate al Esperanto estas la enklasigado de la mondo. Dum Zamenhof sekvis la eŭropajn lingvojn kaj sisteme distingis la vortojn inter substantivoj (*o*-vortoj), adjektivoj (*a*-vortoj), verboj (*i*-vortoj), kaj adverboj (*e*-vortoj), bantuaj lingvoj dividas la mondon kaj la vortojn laŭ malsama sistemo, laŭ semantikaj aŭ signifaj klasoj: homoj, arboj, fruktoj, bestoj, abstraktaj vortoj – inkluzive de landoj (abstrakta ideo el la nomo de loĝantoj), lokoj (kp. Knappert 1996; Muhire 2024). Kompreneble pro la amaso da pruntoj kaj la uzo de la suahila fare ankaŭ de nebantuoj, la pura klas-sistemo akiris multajn esceptojn, pro kio la signifo-klaso de multaj vortoj estas aparte lerninda.

Ĉiuokaze la simileco de la funkciado de Esperanto kaj de la suahila estas evidenta kaj faciligas la akiron de la internacia lingvo fare de tanzanianoj kaj iom pli malfacile ĉefe pro la vortara malsimileco la akiron de la suahila fare de esperantistoj, kiel montris kaj la retaj kursoj en 2024 kaj la ĉeestaj kursoj en Aruŝo dum la Universala Kongreso.

Sed la rilatoj inter esperantistoj kaj la suahila ŝajne estas la tuto de la rilatoj inter esperantistoj kaj afrikaj lingvoj. Pro la historio de la disvastiĝo de Esperanto en Okcidenta Afriko, la afrikaj lingvoj de tiu parto de Afriko ne aparte interesis la esperantistojn, inkluzive de la afrikaj parolantoj de tiuj lingvoj, kiuj estis ĉiuj loĝantaj en landoj, en kiuj la lernejaj lingvoj estis eŭropaj lingvoj.

La venontaj sekcioj de ĉi tiu artikolo traktos tiujn lingvojn.

Bildo 1:
La vortaro de Baldi (2024)

4 Esperanto kaj la lingvoj de Okcidenta Afriko

La komenca instigo por la prelego en la Esperantologia Konferenco en Aruŝo, el kiu fontas ĉi tiu artikolo, estis kiel kutime laŭokaza. Emerita profesoro de la universitato en Napolo, Sergio Baldi (2025), kiu instruis tie la haŭsan kaj sudanajn lingvojn, esperantisto dum sia juneco, volis eldoni en Esperanto version malpligrandigitan de sia vortaro haŭsa-itala kaj itala-haŭsa (Baldi 2015), kaj do mi devis plonĝi en la haŭsan por revizii la parton en Esperanto. Kaj fine ankaŭ danke al la helpo de haŭsa-parolantoj la vortaro aperis (Baldi 2024, vd. bildon 1).

Sed por mi kaj por la rilatoj inter Esperanto kaj la haŭsa kaj la najbaraj lingvoj la sperto estis unika kaj estis nur la komenco de pli longa pripensado.

4.1 La haŭsa

La lingvo haŭsa estas lingvo apartenanta al la lingvogrupo ĥamida-ŝemida[4] kaj aparte al la okcidenta branĉo de la ĉadaj lingvoj,[5] alivorte ĝi estas parenca lingvo de la pli konata berbera lingvo aŭ malproksime parenca al la antikva egipta lingvo. Ĝi estas parolata de la haŭsoj en la norda parto de Niĝerio, Ganao, Kameruno, Benino kaj Togolando kaj en la sudaj partoj de Niĝero kaj Ĉado, kun signifaj malplimultoj en Ebura Bordo kaj malgranda malplimulto en Sudano. La lingvo havas la plej interesajn trajtojn por lingvisto sed ne por lingvolernanto. Malgraŭ tio, ke ĝi orginas de sen-tona lingvo, ĝi utiligas ton-altecon kaj aliajn rimedojn pri kiuj ni parolos tuj poste. Laŭ *Ethnologue* oni taksas je 54 milionoj la denaskajn parolantojn kaj je 34 milionoj la parolantojn de ĝi kiel dua lingvo, kio portas la tutan nombron de parolantoj de la haŭsa al pli ol 80 milionoj (Hausa 2025).

Mi ne scias kiel longe mi rajtas profiti el via pacienco, sed en la haŭsa:
- la vortoj estas inaj kaj viraj pro la deveno el aziaj-afrikaj lingvoj [komparu kun la araba];
- la vokaloj estas mallongaj kaj longaj;
- la vortoj havas tonojn kiel la ĉina kaj aliaj okcidentafrikaj lingvoj;
- la frazoj havas ton-ĉenojn de kiuj dependas la signifo;
- laŭ konata lernolibro oni ne lernu la sistemon de pluralo, sed ĉiujn pluralojn unuope;
- la verboj havas tempojn kaj aspektojn;[6]
- la pronomoj havas la distingon viran/inan ankaŭ en la dua persono, kiel en la araba, sed krome ili havas la taskon kunligiĝi kun morfemoj, kiuj indikas la aspektojn de la verbo, kiu en si mem ne estas konjugaciata.[7]

Estas klare, ke redoni la haŭsan en Esperanto ne estas io simpla, sed en la realo la disvastigo de Esperanto en Niĝerio, en kiu ekzistas eĉ landa asocio de esperantistoj, okazis ĉefe per la angla sen konsidero pri la haŭsa aŭ pri la aliaj lingvoj de Niĝerio aŭ de Okcidenta Afriko.

---

4 Konata ankaŭ per la nomo 'afrika-azia lingvo-grupo' kaj ankaŭ per aliaj variaĵoj.
5 Komparu Almansa-Villatoro kaj Štubňová Nigrelli (2023).
6 Vidu kion diras lernolibro: "The intricacy of the Hausa verb system is one of the more fascinating aspects of Hausa grammar." (Kraft kaj Kirk-Greene 1973; 'La implikaĵoj de la haŭsa verba sistemo estas unu la plej fascinaj aspektoj de la haŭsa gramatiko.')
7 Ĉiuj ĉi tiuj elementoj de la haŭsa estas troveblaj en la libro Kraft kaj Kirk-Greene (1973).

4.2 La aliaj lingvoj de Okcidenta Afriko

Pro la malkovro de tiom interesaj lingvaj fenomenoj en la haŭsa mi ekinteresiĝis pri la aliaj lingvoj parolataj en Niĝerio, ĉar la plejmulto da niĝeriaj esperantistoj loĝas en tiuj regionoj, kie oni parolas la joruban aŭ la igban. Kaj denove mi malkovris lingvajn fenomenojn tre malproksimajn de Esperanto.

La joruba
Ne estas tute samaj problemoj kiel en la haŭsa, ĉar ĝi apartenas al la familio nomata niĝera-konga kaj do, ĝi havas tonojn, estas izola lingvo, havas unusilabajn verbojn kun aspektoj, ne konjugaciatajn per finaĵoj sed per antaŭmetitaj morfemoj, nombradan sistemon je bazo 20, dividon de la substantivoj inter homoj kaj nehomoj, ktp. Ĉu nia Esperanto kun sia banala nombradsistemo bazita je 10, sen tonoj, aglutina kaj ne izola, ne povas aspekti facile lernebla de la 50 milionoj da parolantoj de la joruba (Yoruba 2025)? Aldone al tio la vorto-trezoro, lastatempe tre influita de la angla kaj de kristanismo estis en la pasinteco influata de islamo kaj de la araba, tiel ke *sanma* = paradizo aŭ ĉielo el la araba السماء; *alubarika* = beno el البركة; *alumaani* = riĉeco el riĉeco, mono, rimedoj el المال; kaj la tagoj de la semajno kiel *Atalata* (الثلاثاء) por mardo, *Alaruba* (الأربعاء) por merkredo, *Alamisi* (الخميس) por ĵaŭdo, kaj *Jimoh* (الجمعة, Jumu'ah) por vendredo.[8] Ĉi tio aldonas alian tavoleton de malsamecoj inter Esperanto kaj afrikaj lingvoj, kiuj estis ĉiuj influitaj de arabaj pruntvortoj alvenintaj kun islamo (Baldi 2008).

La igba
Pri klasigado de afrikaj lingvoj estas daŭraj debatoj inter lingvistoj, kaj la aparteno de la igba al la grupo niĝera-kongo estas de kelkaj el ili pridubata, dum oni preferas enklasigi ĝin en la grupon atlantan-kongan. Ĝi estas ne tute simila al la joruba, ĉar ĝi havas bone distingeblajn vortokategoriojn: nomoj, pronomoj, numeraloj, verboj, adjektivoj, konjunkcioj kaj nur unu prepozicio tre elasta, kiu alprenas plurajn prepoziciajn signifojn. Sed se la prepozicio estas nur unu, ankoraŭ pli suprizaj estas la adjektivoj, kiuj estas en fermita klaso de 8 adjektivoj: *ukwu* (granda), *nta* (malgranda), *oji* (malluma), *ọcha* (luma), *ọhụrụ* (nova), *ochie* (malnova), *ọma* (bona), *njọ* (malbona) dum la aliaj adjektivoj estas faratoj per stato-verboj aŭ abstraktaj kvalito-vortoj (Emenanjo 1978).

Verboj, aliflanke, ŝajnas esti la bazaj vorto-formoj, el kiuj oni derivas aliajn vortojn, sed inverse ĝenerale oni ne faras.

Pronomoj ne distingas inter viraj, virinaj aŭ aĵaj subjektoj. *ọ maka can* signifas laŭ la kunteksto 'li, ŝi aŭ ĝi estas bela'.

---

8 Pri *Jumu'ah* vidu *Wikipedia*: Friday prayer (2025).

Konklude la igba estas izola lingvo kun tre malmulta vortfleksio sed kun sistemo de sufiksoj regataj de la signifoj kaj de ne fiksita vort-ordo en la frazo. Aliflanke la sufiksoj origine derivitaj de aliaj vortoj nun ne plu rajtas esti uzataj sendepende. Fine laŭ la kutimaj statistikoj de *Ethnologue* la parolantoj de la igba estas pli ol 30 milionoj (Igbo 2025).

Ĉiuokaze la igba kaj Esperanto havas rekte malsamajn funkci-manierojn.

La volofa

Se ni turniĝas al lingvoj parolataj en aliaj najbaraj landoj, kie ĉeestas relative multaj esperantistoj, ni unue renkontas la volofan, alian lingvon de la sama grupo niĝera-konga. Ĝi estas ĉefe parolata en Senegalo, Gambio kaj Maŭritanio kun malplimultoj en aliaj landoj (Wolof language 2025). Ĝia ĉefa dialekto, tiu de la ĉefurbo Dakaro, estas forte influita de la franca kaj de la araba. Malsame ol aliaj niĝeraj-kongaj lingvoj ĝi ne estas tona lingvo.

Sed la sola kontaktopunkto kun Esperanto ŝajnas esti la vorto *banano* veninta al Esperanto el eŭropaj lingvoj, kiuj ricevis ĝin el la volofa (Etymonline: *Banana* 2025). Ĉio cetera ne kongruas kun la fenomenoj de Esperanto. Ekzemple, por nia artikolo *la* ekzistas dek difinaj artikoloj postmetitaj kaj malsamaj laŭ la speco de vortoj: pruntovortoj el la franca aŭ aliaj lingvoj uzas *bi*: *butik-bi* (la vendejo), *xarit-bi* (la amiko), dum certaj substantivoj, i.a. islamaj religiaj, uzas *-Ji*: *Jumma-Ji* (la moskeo), *jigéen-ji* (la knabino), sed la pluralo uzas *-yi*: *jigéen-yi* (la knabinoj), *butik-yi* (la vendejoj).

Ni jam diris ke la volofa ne havas tonojn, sed ĝi kompensas tion per longaj kaj mallongaj vokaloj kaj konsonantoj kaj per vokala harmonio. Krome la verba konjugacio bazita sur la pronomoj estas simila al tiu de la haŭsa. Por doni ideon pri la sistemo, ni imitu ĝin per esperantaj morfemoj. Tiel *ni ne irus iĝus* en la volofa *nineus ir*, kaj *vi manĝas* estus *vas manĝ*.

Lasta apartaĵo: la nombrad-sistemo havas du bazojn, 5 kaj 10, pro kio 16 iĝas *dek kaj kvin kaj unu*.

La fonua (fɔ̀ngbè)

Alia lingvo en la sama parto de Afriko, kie tradicie estis multaj esperantistoj, estas la fonua, stabiliĝinta nomo en Esperanto por la propra nomo (fɔ̀ngbè), kutime simpligata je Fon en eŭropaj lingvoj. Ĝi apartenas al la grupo Gbe en la pli larĝa grupo de la atlanta-konga familio. Ĝi estas unuavice parolata en Benino, sed ankaŭ en Niĝerio kaj Togolando de ĉirkaŭ 3 milionoj da parolantoj (Fon 2025). Kiel la aliaj lingvoj Gbe, la fonua estas izola lingvo kun baza vort-ordo SVO, subjekto, verbo, objekto.

Ĝiaj apartaĵoj estas similaj al tiuj de aliaj lingvoj de tiu grupo jam viditaj, kvankam nazaj vokaloj prenas la lokon de longaj vokaloj. Krome la bazaj tonoj estas du: alta, malalta, sed en la vortoj ili kombiniĝas tiel ke oni povas trovi sinsekvojn alta/alta, alta/malalta, ktp. kaj kiel en la haŭsa la sinsekvo de tonoj en la frazoj havas signifon.

5 Konkludo aŭ prefere pravigo pri ĉi tiu artikolo

Oni nun rajtas sin demandi, kiu estas la celo de ĉi tiu listigo de okcidentafrikaj lingvoj kaj de ties apartaj trajtoj. Tiu listigo volas reliefigi la absolutan malsamecon inter tiuj lingvoj kaj Esperanto. Estas historia fakto, ke la esperantigo de okcidentafrikaj landoj okazis per la koloniaj lingvoj, kiuj estis tiam kaj ankoraŭ nun la lingvoj instruataj en la lernejo kaj do konataj de kleraj afrikanoj, kiuj povus interesiĝi pri Esperanto. Tio estis periodo, kiam afrikaj infanoj estis devigataj citi el francaj lernolibroj frazojn senrilatajn al iliaj vivoj, kiel "Niaj antaŭuloj, la gaŭloj", kaj nenio alia estis ebla (Binet 1967). Sed nun 70 jarojn post la rekomendo de Unesko ankaŭ tiuj afrikaj lingvoj trovas ĉiam pli da spaco en lernejoj kaj baldaŭ ni estos devigataj uzi ilin por instrui Esperanton. Kaj por vere kompreni la sistemon de Esperanto, oni devos klarigi kiel malmunti la sistemon de la lokaj lingvoj kaj transiri al la sistemo de Esperanto, pli simpla sed malsama, kaj tion devos unuvice kompreni la lokaj instruistoj. Por povi fari tion oni bezonas la komparan laboron faritan por la suahila kaj tio estas tasko de esperantistaj lingvistoj kunlabore kun lokaj esperantistoj parolantaj tiujn lingvojn.

Alia instigo verki ĉi tiun artikolon fakte venis de mia partopreno pri la redaktado de verko ankoraŭ eldonota por klarigi la lingvon fonuan al esperantistoj (Gbadamassi, aperos). La verkinto estas esperantisto el Benino, parolanto de la fonua, kaj instruisto en beninaj lernejoj, plena konanto de la franca kaj de ĝia gramatiko. Nun, en tiu pionira laboro estis klare, ke la tuta gramatika armilaro de la franca, simila al tiu de Esperanto, estas komplete neŭtila por klarigi la fonuan. Sama ĵonglado necesos por kompreni al parolanto de unu el tiuj lingvoj, kiel funkcias Esperanto.

Bibliografio

Almansa-Villatoro, M. Victoria kaj Silvia Štubňová Nigrelli. 2023. "Comparative Afroasiatic Linguistics and the Place of Ancient Egyptian within the Phylum." En Ancient Egyptian and Afroasiatic: Rethinking the Origins, redaktis M. Victoria Almansa-Villatoro kaj Silvia Štubňová Nigrelli. University Park: Eisenbrauns / Penn State University.

Baldi, Sergio. 2008. *Dictionnaire des emprunts arabes dans les langues de l'Afrique de l'Ouest et en swahili*. Paris: Éditions Karthala.

Baldi, Sergio. 2015. *Dizionario hausa: Hausa-italiano, italiano-hausa*. Milano: Hoepli.

Baldi, Sergio. 2024. *Vortaro haŭsa-esperanto kaj esperanto-haŭsa*. New York: Mondial.

"Baldi, Sergio." 2025. *Orcid*. https://orcid.org/0000-0003-4099-1497 (15.04.2025)

"Banana." 2025. *Etymonline*. https://www.etymonline.com/word/banana (15.04.2025)

Binet, Jacques. 1967. "L'Histoire africaine et nos ancêtres les gaulois." *Outre-Mers. Revue d'histoire* 54, kajeroj 194–197: 209–218. https://www.persee.fr/docAsPDF/outre_0300-9513_1967_num_54_194_1449.pdf (15.04.2025)

Emenanjo, Nolue. 1978. *Elements of Modern Igbo Grammar – a descriptive approach*. Ibadan: Oxford University Press.

"Fon." 2025. *Ethnologue*. https://www.ethnologue.com/language/fon/ (17.04.2025)

"Friday prayer." 2025. *Wikipedia*. https://en.wikipedia.org/wiki/Friday_prayer (17.04.2025)

Gbadamassi, Latifu. Aperos. *La fongbea en 12 lecionoj por esperanto-parolantoj.*

Goes, Heidi. 2007. *Afero de espero – Konciza historio de la Esperanto-movado en Afriko*. Roterdamo: Universala Esperanto-Asocio.

"Hausa." 2025. *Ethnologue*. https://www.ethnologue.com/language/hau/ (15.04.2025)

[IFEF] Institut de la Francophonie pour l'éducation et la formation. 2024. Enseignement bi-plurilingue. https://ifef.francophonie.org/elan/ (03.04.2025)

"Igbo." 2025. *Ethnologue*. https://www.ethnologue.com/language/ibo/ (15.04.2025)

Knappert, Jan. 1996. *Vortaro Esperanto-Suahila / Kamusi Kiesperanto Kiswahili*. Roterdamo: Universala Esperanto-Asocio.

Kraft, Charles kaj A. H. M. Kirk-Greene. 1973. *Teach Yourself Hausa*. London: Hodder and Stoughton.

Muhire, Joel. 2024. *Kiesperanto Kwetu – Kitabu cha kujifunza Kiesperanto*. Arusha: Internacia Ligo de Esperantistaj Instruistoj (ILEI).

[OIF] Organisation internationale de la Francophonie. 2025. https://www.francophonie.org

Sekelj, Tibor. 1962a. *The International Language Esperanto. Common Language for Africa. Common Language for the World*. Rotterdam: Universala Esperanto-Asocio.

Sekelj, Tibor. 1962b. *La langue internationale Espéranto. La langue commune pour l'Afrique. La langue commune pour le monde entier*. Rotterdam: Universala Esperanto-Asocio.

Sekelj, Tibor. 1962c. *Al-lugha al-dualiyya al-isbirantiyya. Lugha al-'alam adjma'*. Rotterdam: Universala Esperanto-Asocio.

"Svahila lingvo." *Vikipedio.* https://eo.wikipedia.org/wiki/Svahila_lingvo (17.04.2025)

Topan, Farok kaj Ebrahim Husein. 1984. *Salale!* Pisa: edistudio.

[UEA / TEJO] [Universala Esperanto-Asocio / Tutmonda Esperantista Junulara Organizo]. 1979. *Kwa kulinda tamaduni za afrika.* Rotterdam: Universala Esperanto-Asocio.

UNESCO. 1953. *The Use of Vernacular Languages in Education.* Paris: UNESCO. https://www.tolerancia.org/upimages/Manifiestos/unesco_1953_english.pdf (01.10.2025)

Vessella, Nino. 1980. *Skizo de sŭahila metriko.* Bellinzona: Hans Dubois.

Vessella, Nino. 1982. *Jifunze lugha ya Kiesperanto.* Latina: la aŭtoro.

Vessella, Nino. 2024. *Sŭahilaj studoj.* Baraka: Université Espoir du Congo, Faculté des Langues.

"Wolof language." 2025. *Britannica.* https://www.britannica.com/topic/Wolof-language (15.04.2025)

[World Bank]. 2021. *Loud and Clear: Effective Language of Instruction Policies for Learning.* International Bank for Reconstruction and Development / The World Bank. https://documents1.worldbank.org/curated/en/517851626203470278/pdf/Loud-and-Clear-Effective-Language-of-Instruction-Policies-For-Learning.pdf (03.04.2025)

"Yoruba." 2025. *Ethnologue.* https://www.ethnologue.com/language/yor/ (15.04.2025)

Pri la aŭtoro

Renato Corsetti estis veterana esperantisto, kiu interesiĝis pri multaj aspektoj de la movado por la internacia lingvo Esperanto, interalie pri disvastigo de Esperanto en Afriko. Lia lasta profesia posteno estis profesoro pri psiĥolingvistiko en la Universitato de Romo "La Sapienza".

About the author

Renato Corsetti was a veteran Esperantist who was interested in many aspects of the movement for the international language Esperanto, including the development of Esperanto in Africa. His last professional position was professor of psycholinguistics at the University of Rome "La Sapienza".

Sull'autore

Renato Corsetti è stato un veterano esperantista interessato a molti aspetti del movimento per la lingua internazionale esperanto, tra cui la diffusione dell'esperanto in Africa. È stato professore di psicolinguistica all'Università di Roma "La Sapienza".

Esperantists face to face with the African Languages

Summary: Esperanto is spreading very fast now in Africa and enthusiasm for it currently exceeds that of other continents. In the meantime, the linguistic situation in Africa is beginning to change in favour of using local languages in West Africa. There are a few main reasons for this, which can be summarised by a change in the policy of the World Bank, which for decades only gave loans to developing countries on condition that they teach major international languages. For this reason African languages are now being used more and more in education, and therefore the movement needs the same comparative studies that have already been done in the past decades on Swahili, if we really want to produce effective teaching material about Esperanto in African languages.

Keywords: Esperanto, Hausa, Niger-Congo languages, Swahili

Esperantisti avanti le lingue africane

Riassunto: L'esperanto si sta diffondendo molto velocemente in Africa e l'entusiasmo per esso supera quello degli altri continenti. Nel frattempo la situazione linguistica in Africa comincia a cambiare a favore dell'utilizzo delle lingue locali anche nell'Africa occidentale. Ci sono alcune ragioni principali che possono essere riassunte in un cambiamento nella politica della Banca Mondiale, che per decenni ha concesso prestiti ai paesi in via di sviluppo solo a condizione che insegnassero le principali lingue internazionali. Da ciò ne consegue che le lingue africane vengono utilizzate sempre di più nell'istruzione e quindi il nostro movimento ha bisogno degli stessi studi comparativi che sono già stati fatti negli ultimi decenni sullo swahili, se vogliamo davvero produrre materiale didattico efficace sull'esperanto in lingue africane.

Parole chiave: Esperanto, Hausa, lingue Niger-Congo, Swahili

Ilona Koutny
Universitato Adam Mickiewicz, Poznań, Pollando

La rolo de István Szerdahelyi en interlingvistiko kaj esperantologio

Resumo: István Szerdahelyi instituciigis la universitatan instruadon de interlingvistiko kaj esperantologio – tio jam donus al li decan rolon en la historio de esperantologio. Sed li estis ankaŭ elstara interlingvisto, esperantologo kaj pedagogo. La artikolo skizas liajn plej gravajn atingojn en la tereno de interlingvistiko (loko kaj sistema prezento de la tereno, hungaraj planlingvoj) kaj esperantologio (nova, lingvistika aliro al morfemklasifiko, strukturaj trajtoj de Esperanto, komenco de la neglektita semantika esploro de Esperanto, sistema prezento de etimologiaj operacioj).

Ŝlosilvortoj: esperantologio; etimologio; interlingvistiko; morfemklasifiko; semantiko; sintakso

1 Enkonduko

La 100-jara jubileo de István Szerdahelyi (1924–1987) motivas la rememoron kaj trarigardon de lia rolo en interlingvistiko kaj esperantologio kies grava figuro li estas. Oni povas trovi lin inter la 200 eminentaj esperantistoj en *Nia diligenta kolegaro* (Gorecka kaj Korĵenkov 2018). Post iuj ŝtormaj eventoj en la historio de Hungario (2a mondmilito, revolucio en 1956) kaj influo al lia vivo, li dediĉis sin al la instruado kaj esplorado de tiuj ĉi terenoj kaj enkondukis ilin kadre de la Esperanto-fako en la Budapeŝta Eötvös-Universitato (ELTE) ekde 1966. Pri lia rolo kiel ĝisosta instruisto vd. la artikolon Koutny (2024b), pri vivovojo Koutny (2009b).

Li aliris al la studo de Esperanto kaj planlingvoj kiel lingvisto, esploris ilian lokon inter aliaj lingvoj per lingvistikaj metodoj. Tiu aliro kaŭzis akrajn konfliktojn kun la tradicia gramatika aliro de esperantistoj, kun la Akademio de Esperanto (AdE) kaj la tiama hungara korifeo Kálmán Kalocsay (diskuto en *Literatura Foiro*), krome averaĝaj esperantistoj ne vidis sencon en la scienca esploro de Esperanto. Li ofte emfazis ke Esperanto estas ne nur amuzaĵo de ĝiaj adeptoj, sed ĝi devas solvi gravan komunikan problemon, por tio necesas ĝin prezenti en fakaj rondoj, krei ĝian sciencan priskribon (*Pri la lingvistika priskribo de Esperanto*, Szerdahelyi 1979b), necesas enkonduki Esperanton en la establitan normalan mondon, ne teni ĝin en iu ekstersocia Esperantujo (Szerdahelyi 1976a).

Aliflanke, lingvistoj malrespektis la "artefaritan lingvon", konsideris la okupiĝon pri ĝi ne scienca afero. Li batalis dum sia tuta vivo por akceptigi Esperanton en lingvistikaj rondoj kaj por akceptigi ĝian sciencan traktadon inter esperantistoj. Intertempe la situacio iom ŝanĝiĝis en la bona direkto, dank'al la agado de Detlev Blanke (2003 entenas grandan nombron de fakaj verkoj) kaj aliaj interlingvistoj, esperantologoj.

Tamen, fine de sia vivo Szerdahelyi iĝis membro de AdE (en 1986) kaj honora membro de UEA, prezidanto de ILEI (1985-1987). Ankaŭ kun la Hungara Esperanto-Ascio li trovis kunlaboreblon pri la ekzamenoj. Li verkis la metodikan parton de la *Gvidlibro por superaj ekzamenoj* (Pechán 1966).

Li prelegis multe en Hungario kaj eksterlande, kunlaboris kun prof. Helmar Frank el la Kibernetika Instituto en Paderborn, kun Claude Gacond el la Kultura Centro Esperantista (KCE) en La Chaux-de-Fonds kaj la Internacia Kultura Centro (IKS) el Zagrebo.

Szerdahelyi plenumis enorman laboron, li verkis sciencajn studojn en diversaj terenoj de interlingvistiko kaj esperantologio por montri la valoron de Esperanto kaj la lokon de planlingvoj en la scienca paletro, kaj havi studmaterialojn por la Esperanto-fako de ELTE. Li kompilis ankaŭ 3-voluman literaturan krestomation, pretigis lernolibrojn por diversaj niveloj kaj gvidis la leksikografian laboron por la Hungara-Esperanta mezvortaro (kiun mi finis kaj aperis fine nur en 1996).

Li vivis antaŭ la reta epoko, pro tio lia verkaro ne estas tiom konata kiom ĝi meritus, krome parto de liaj artikoloj kaj libroj aperis hungare, tiel por la plimulto de esperantistoj ne alireblas. Tio instigis min kunmeti modestan libron el kelkaj liaj artikoloj (Szerdahelyi 2024). Liaj tuta bibliografio kaj biografio troviĝas en la memorlibro dediĉita al li, *Abunda fonto* (red. Koutny 2009) dank'al Zsuzsa Tötösné Gados kaj Árpád Máthé.

Szerdahelyi estis multflanka sciencisto, precizema filologo kaj praktika mobilizanto, organizanto de instruado de Esperanto en diversaj niveloj, bona preleganto kaj aldone tre agrabla persono kiu trovis vojon al ĉiuj, ankaŭ pri siaj gestudentoj zorgis kvazaŭ patro. En la sekvoj lia interlingvistika kaj esperantologia agado estos analizata.

2 Interlingvistiko

La tereno de interlingvistiko estis kaj estas ofte diskutata, ĝi iĝas pli kaj pli larĝa, envolvante ne nur planlingvojn (t.e. planlingvistiko – aliro de Sakaguchi 1998), sed ankaŭ etnajn internacajn lingvojn, piĝinojn kaj kreolojn, lingvojn kreitajn por literaturo kaj filmoj (vd. Schubert 1989, 2024; Blanke 1998/2006; Barandovská-Frank 2020; Gobbo 2023). Same la loko kaj enhavo de esperantologio varias. Ĉu ĝi estas lingvistika branĉo aŭ pli, ja ĝi okupiĝas ankaŭ pri la kultura kaj movada flankoj de Esperanto. Lindstedt (2024) jam konsideras esperantologion sendependa de interlingvistiko.

Szerdahelyi lokis esperantologion en interlingvistikon kaj difinis la lokon de **interlingvistiko kadre de la aplikata lingvistiko**, en ĝian heterolingvan parton kune kun instruado de fremdaj lingvoj kaj tradukado (en sia *Enkonduko en interlingvistikon* 1979, kun abunda bibliografio, ankaŭ en Szerdahelyi 1980, 2024), tiel li ligis ĝin al la lingvistika mondo. Jen lia skemo (bildo 1).

Bildo 1: Loko de interlingvistiko kaj esperantologio laŭ Szerdahelyi 1979a

Trakti interlingvistikon en rilato kun lingvopolitiko kaj -planado estis tiam nova aliro, nuntempe plene akceptata. Li verkis ampleksan hungarlingvan universitatan lernolibron pri interlingvistiko (1980) kaj ankaŭ pri aplikata lingvistiko (1985). Li formulis la problemaron de interlingvistiko, la internacian komunikadon kaj prezentis la historiajn interlingvojn etnajn kaj planitajn jam en sia hungarlingva sciencpopulariga verko *Bábeltől a világnyelvig* (Szerdahelyi 1977, 'De Babelo ĝis la mondolingvo'). Iu el tiuj verkoj aŭ iu eĉ pli ampleksa devis ekzisti en esperanta versio, kiu malaperis ĉe iu esperantista eldonejo; mi ne sukcesis ĝin retrovi post lia morto, en la 90-aj jaroj. Li menciis la antaŭmendeblan duvoluman verkon (po 500 paĝoj!) *Interlingvistiko historia kaj kompara* en *Internacia Pedagogia Revuo* (anonco IPR (3) 1979, 70). D-ro Szerdahelyi laboris ankaŭ pri disertaĵo pri interlingvistiko, same en la hungara, kiun li ne povis fini pro pli urĝaj konkretaj taskoj, kiel la vortaro. Ankaŭ tiu ĉi ne atingis publikigon, ja ekzistas nur notoj pri tio.

Interlingvistiko okupiĝas pri interlingvoj kiuj povas esti naturaj aŭ planitaj. Li jene sistemigis ilin, konsiderante jam ankaŭ la maŝinajn lingvojn (bildo 2).

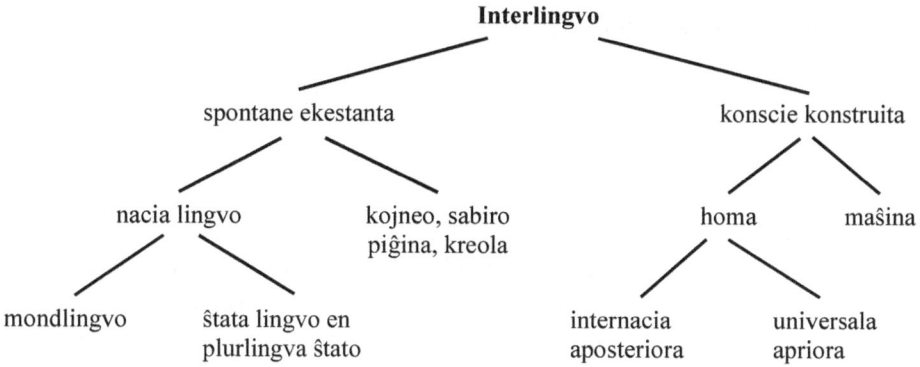

Bildo 2: Klasifiko de interlingvoj laŭ Szerdahelyi

Li esploris diversajn planlingvojn, inter ili ankaŭ *hungarajn lingvoplanojn* kiel Homapar de József Fazekas, la filozofian universalan lingvon de György Kalmár, Romanid, pripensojn de la fama hungara matematikisto János Bolyai pri la ideala lingvo (Szerdahelyi 1980) kaj instigis siajn studentojn pri plua laborado. Tiel mi esploris la notojn de Bolyai por mia diplomlaboraĵo pri famaj matematikistoj kaj la lingvomodeligo (Koutny 1977). En la hungara libro pri interlingvistiko li dediĉas ĉapitron al la hungara modelo de lingvoplanado kiun li dividas al tri periodoj. Tio komenciĝis en la 18a jarcento kiam la latina komencis perdi sian rolon kaj oni volis eviti la uzon de la germana lingvo. La hungara lingvo estas sufiĉe izolita, tiel aperis la neceso de iu komuna lingvo.

Kiel duan periodon Szerdahelyi mencias ankaŭ la hungaran lingvonovigan movadon en la 19a jc. kiam miloj da vortoj estis kreitaj por modernigi la hungaran lingvon, la agado de Ferenc Kazinczy estas konata kaj la rezulto de la homa interveno ankaŭ nuntempe parte restas en la hungara lingvo. Do, li montras ke "artefariteco" estas parto de homaj lingvoj. Li traktis ankaŭ la komencojn de la hungara Esperanto-movado kun Gábor Bálint ĝis Géza Bárczy.

Szerdahelyi kontribuis al tio ke interlingvistiko nuntempe estas bone establita scienca tereno kun teorio, esploroj, publikaĵoj kaj konferencoj kiel la ĉiujara germana konferenco de la germana Gesellschaft für Interlinguistik (GIL, 'Societo pri Interlingvistiko'). La pli larĝa aliro al interlingvistiko estas vaste akceptata de interlingvistoj kiel Detlev Blanke, Aleksandr Duličenko,

Mark Fettes, Sabine Fiedler, Sergej Kuznecov, Liu Haitao, Klaus Schubert, Humphrey Tonkin, t.e. la problemo de internacia komunikado estas solvebla per etnaj lingvoj, kreoloj kaj planlingvoj.

3 Esperantologio

Koncerne esperantologion Szerdahelyi reprezentis novan aliron el pluraj vidpunktoj surbaze de la tiama moderna lingvistiko kaj esploris plurajn terenojn de morfemiko tra semantiko ĝis etimologio. Nur la plej gravaj ideoj estos citataj.

3.1 Morfemiko

La morfema sistemo de Esperanto kaj la vortfarado, la fifama *radikkaraktero* delonge estas centra problemo de esperanta gramatiko, ja tio influas la vortformadon. Kial necesas aldoni -il por formi ilon el *komb-* kaj ĉe *brossufiĉas* la finaĵo -o? René de Saussure (1910) ellaboris teorion kiun la Akademio akceptis. Ankaŭ la *Plena Gramatiko* (Kalocsay kaj Waringhien 1935) bazas sian vortfaradon sur tion. Multaj subtenis kaj pluraj kritikis tiun teorion. La problemo estas aktuala – tion montras ke en 2022 aperis la libro de Rokicki: *Enkonduko en la morfologion de Esperanto* kaj en 2024 la libro de Jansen: *Vortfarado en Esperanto*. Malgraŭ la evidentaj problemoj, kritikoj ankaŭ de aliaj esperantologoj, eĉ de akademianoj kiel Michel Duc Goninaz (2009), AdE ĝis hodiaŭ ne reviziis sian aliron. Szerdahelyi kontraŭis la oficialan opinion de la Akademio de Esperanto pri la gramatika karaktero de la radikoj, konfliktante ankaŭ kun la tiama korifeo Kalocsay. Liaj argumentoj aperis en la *Literatura Foiro*, poste en lia baza broŝuro *Vorto kaj vortelementoj* (1976a, 2024).

En la *Unua libro* (Zamenhof 1887) aperis nur listo de radikoj kun alilingvaj tradukoj en formo de vortoj, same en la *Fundamento* (Zamenhof 1905), kio subtenis la supozon ke la radikoj havas verban, substantivan aŭ adjektivan karakteron. Tiel al ĉiuj radikoj – finaĵbezonaj aŭ memstaraj – kaj ankaŭ al deriviloj kaj finaĵoj, verba, substantiva aŭ adjektiva karaktero estis asignita. Fakte, tio influis ankaŭ la praktikon en la esperantaj vortaroj (kiel PIV: Waringhien ĉefred. 1970), kie la kapvortoj estas en verba, substantiva aŭ adjektiva formoj kaj ene de la vortartikolo aperas la aliaj formoj simplaj kaj derivitaj.

Szerdahelyi unue klarigas la konfuzon kiun kaŭzas la uzo de "vorto" far Zamenhof por ĉiuj vortelementoj (kiuj poste nomiĝis morfemoj) inklude leksikajn kaj ankaŭ finaĵojn. Vorto havas semantikan enhavon kaj gramatikan funkcion en frazo, tiel en TABLO *tabl-* portas la signifon kaj *o* ebligas ĝian rolon en la lingva sistemo. Vortospecon kiel verbo, substantivo kaj adjektivo povas havi nur vorto kaj ne morfemo, do la radikoj ne povas havi gramatikan karakteron, temas pri semantika eco. Tamen la radikoj pli volonte vortiĝas en unu aŭ alia vortospeco: *tabl-* en *tablo, leg-* en *legi* kaj *bel-* en *bela*, kio influas ilian postan funkciadon. Li uzas la terminon **primara vorto** por tio kaj lasas la eblecon vortiĝi en aliaj kategorioj.

Li ne provis difini semantikajn kategoriojn por la radikoj, tion nur nun, post 50 jaroj faris Jansen (2024). Estas interesa ankaŭ la analizo de Jansen pri *La neĝa blovado,* kiom ofte certaj semantikaj kategorioj (kiujn li difinis) realiĝas en specifaj vortospecoj. Tio videble subtenas la aliron de Szerdahelyi paroli pri primaraj vortoj. Fakte, ankaŭ kaze de vortaroj estas pli bone paroli pri primaraj vortoj.

La gramatika karaktero ĉiukaze ne solvas la diferencojn en vortformado inter samkarateraj radikoj. Kial *biologo* kaj *fizikisto*? – la signifero profesio enestas en la unua vorto kaj en la alia ne – kiel tion bone klarigas Duc Goninaz (2009). Eblas aldoni ankaŭ la diferencon en la transitiveco de verboj kiu estas karakterizo de iuj verboj, aliaj bezonas la sufikson *-ig* por iĝi tia: *montri*, sed *aperigi* aŭ simile por la netransitiveco: *evolui*, sed *disvolviĝi*. Entute samaj nocioj povas vortiĝi en diversaj lingvoj en malsamaj vortospecoj (Koutny 2013).

Szerdahelyi klarigas la diferencon inter la radikoj per la fakto ke Zamenhof **transprenis el la fontolingvoj vortojn** kaj nur en la sekva operacio li ekstraktis la radikojn. Tiel *broso* en la germana, franca, pola, rusa estas baze substantivoj el kiuj estas formitaj la verboj. Se ni serĉas la originon de *kombi* kaj *kombilo*, ni trovas malsamajn vortojn en la pola kaj rusa. Ankaŭ en la kazo de *hoko* kaj *hakilo*. Por *broso, brosi* kaj *hoko, pendigi* la radiko en la pola estas la sama, sed por la duaj malsamaj, tie Zamenhof elektis la verbon kaj el tio derivis la ilon. Tio subtenas ankaŭ tiun observon de Szerdahelyi ke la signifo de la vortoj transprenitaj el la latinidaj kaj ĝermanaj lingvoj montras *slavan influon*. Neniu povas eskapi de certa influo de sia gepatra lingvo.

Szerdahelyi montras la konfuzon kaj arbitrajn klasigojn en la Aktoj de la Akademio (1968) kie ĉiuj deriviloj, prepozicioj, eĉ interjekcioj devige ricevas sian O, A au I asignon. Ekz. *-ad* estas deklarita O-kategoria (pro la funkcio en *broso > brosi > brosado*), sed ĝi same havas verban uzon por krei durativan (pomen*ad*i) kaj iterativan (salt*ad*i) funkcion por la verboj. *Ek-* estas A-kategoria, kvankam ĝi kreas komencan verbon (*ek*labori). Anstataŭ la kritikebla sistemigo de la Akademio, Szerdahelyi (1972, 1976a) proponas pli simplan kaj efikan sistemigon de la morfemoj (bildo 3) kiu pli konsideras la originan sistemigon de Zamenhof (tion daŭrigas poste ankaŭ Gledhill 2000).

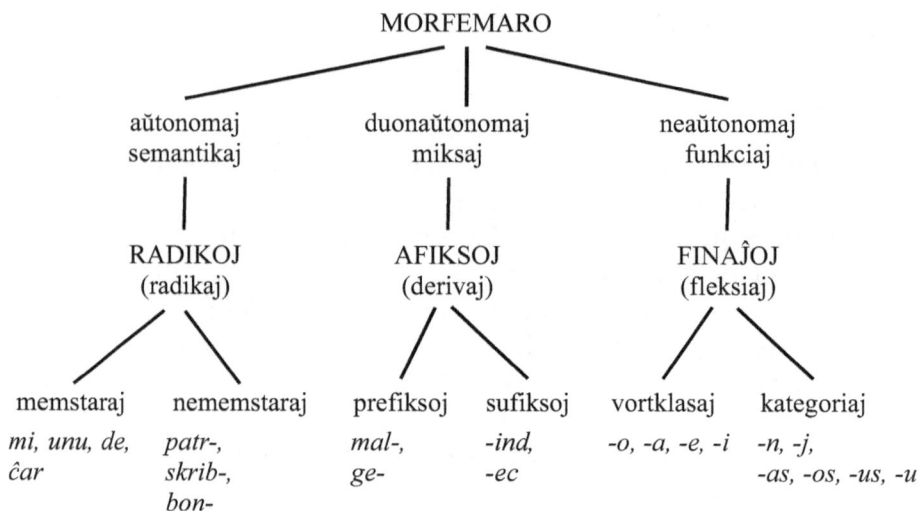

Bildo 3: Klasifiko de morfemaro laŭ Szerdahelyi

3.2 Sintakso

La frazstrukturo en Esperanto bone travideblas pro la klaraj vortofinaĵoj, la uzo de akuzativo (kazofinaĵo *-n*) por la rekta objekto kaj pro la prepozicioj por aliaj sintaksaj rilatoj. La agordo inter la epiteto kaj substantivo estas ofta en eŭropaj lingvoj, ankaŭ la uzo de pluralo post numeraloj estas kutima. Pro la prepozicioj, la agordo, la pluralo kaj ankaŭ la ofta vortordo SVO (kiun Gledhill 2000 kaj Jansen 2008 esploris) Szerdahelyi (1972) konsideris Esperanton kiel *minimuman hind-eŭropan lingvomodelon*. Tio donas ĝian gravan propedeŭtikan rolon por la lernado de aliaj eŭropaj lingvoj kaze de hungaroj en kies lingvo tiuj fenomenoj mankas. Tiu modela kaj lernfaciliga valoro de Esperanto validas ankaŭ por azianoj.

La lernolibro pri Esperanto por universitata uzo (Szerdahelyi 1972) krom la leksika enhavo entenas la gramatikan strukturon de Esperanto laŭ strukturisma maniero.

3.3 Semantiko kaj etimologio

La semantika flanko de Esperanto longe estis neglektita, la radikoj estis difinitaj per siaj tradukoj en la lingvojn rusa, pola, germana, franca kaj angla, komence en la Unua Libro (Zamenhof 1887) kaj ankaŭ en la *Fundamento* (Zamenhof 1905). Tamen tiuj lingvoj diferencas inter si koncerne la signifojn de tiuj ĉi vortoj! La *Plena Vortaro de Esperanto* (PV, Grosjean-Maupin 1930) estis la unua signifa unulingva vortaro kun difinoj. La Akademio de Esperanto aperigis la signifojn de la oficialigotaj vortoj nur ekde la 9-a aldono, kvankam vortoj sen signifoj ne estas ĝuste uzeblaj.

Szerdahelyi vortigis siajn pensojn pri esperanta semantiko en siaj artikoloj (1976, 1981). Laŭ li, Zamenhof ne kreis novan semantikan modelon, sed li elektis el la semantikaj modeloj de la fontolingvoj: rusa, pola, germana, franca, angla, latina, greka, hebrea kaj jida. Szerdahelyi trafe konstatis ke nur tiam ni povas paroli pri aŭtonoma lingva sistemo se la vortoj pluvivas sian vivon en la nova sistemo. Li analizis la signifojn de diversaj esperantaj vortoj kaj komparis ilin kun la signifoj en aliaj lingvoj (Szerdahelyi 1976b) (vd. Bildon 4).

	E	R	Hu	A	F	G
1. konstruaĵo	X	X	X	X	X	X
2. mastrumado		X	X	X	X	X
3. familianaro	X	X	X	X	X	X
4. hejmo, loĝejo	X	X	X	X	X	X
5. gento					X	X
6. firmao			X		X	X
7. instituto	X	X			X	
8. hotelo						X
9. publiko (ekz. teatra)			X	X		X
10. parlamento			X	X		X
11. dinastio		X	X	X	X	X
12. ujo, ingo			X			X
13. ulo						X
14. servistaro					X	
15. preĝejo				X		
16. scienca faktermino	X				X	
Entute	5	6	9	8	10	12

Bildo 4: La komponentoj de sememo DOM

La signifo de esperantaj vortoj estas pli limigita, restas tio kio aperas en pluraj lingvoj – kiel ankaŭ kaze de DOMo, la morfemo komencas sian novan vivon en la nova sistemo, perdas iujn signifojn kiuj estis en la fontolingvoj, sed povas akiri novajn. En Esperanto ekzistas la diferenco inter *domo* kaj *hejmo* kiu ne aperas en la slavaj lingvoj, sed ja en la angla, cetere ankaŭ en la hungara.

Tio gvidas Szerdahelyi al la **etimologio de la esperantaj vortoj**, kiuj estas pruntvortoj krom la tabelvortoj. Li prezentas sisteman kaj detalan analizon de la esperantaj vortoj (*Principoj de Esperanta etimologio*, Szerdahelyi 1987a, 2024), komencante per la *interonimoj/internaciismoj* grek-latindevenaj kiuj aperas en la fontolingvoj de Esperanto (latina, franca, germana, rusa, pola, ankaŭ itala kaj angla) kaj konsistigas la 40%-ojn de la *Universala Vortaro*, poste sekvas la unu-, duetimaj vortoj. Li analizas la vortojn el grafika, fonemika kaj semantika vidpunktoj.

Li montras ankaŭ la nekonsekvencajn procedojn de Zamenhof en la elekto de la esperanta leksiko, t.e. eĉ ene de la sama semantika kampo estas vortoj el diversaj fontolingvoj (por la esprimo de tempo *minuto, horo, tago, semajno, monato, jaro* estas uzataj parte latinid- kaj parte ĝerman-devenaj vortoj, aŭ kaze de *hieraŭ, hodiaŭ, morgaŭ,* ĉiuj devenantaj el malsamaj lingvoj), la transprenojn laŭ diversaj metodoj, foje laŭ la skriba, foje laŭ la prononco. Li listigas ankaŭ la procedojn de Zamenhof por eviti la plursignifecon de vortoj per ilia dissplitigo (F conduire > *konduki, konduti*) kaj la ŝanĝojn por ke vorta parto ne koincidu kun afikso (defin- > *difini*, recev- > *ricevi*, ekesto de *vipuro, bufedo*), redukton de silabonombro (incline > *klini*) kie li rimarkas similecon al kreolaj lingvoj. Li mencias fine ke li prezentis nur la formalan flankon de etimologio, necesus alia studo pri la semantika flanko.

Kvankam Zamenhof elektis laŭ la principo de internacieco de la lingvoj DEFIRS la formon, kapteblas ankaŭ la slava influo en la signifoj de latinid-devenaj vortoj surbaze de konkretaj analizoj (*plena vortaro* povas ekzisti en la rusa: *polnij slovar'*, sed ne en la franca, cetere vortaro neniam povas esti plena) – rimarkas Szerdahelyi, li ja estis ankaŭ slavisto. Pri la jida influo (Piron 1984) li ne okupiĝis. Post lia morto publikiĝis lia artikolo pri La *Etimologio de gramatikaj elementoj* (1997).

Waringhien (1959), Back (1980), Gold (1980) kaj aliaj jam tuŝis la problemon de etimologio, Szerdahelyi profunde analizis kaj grupigis la vortokreon de Zamenhof en sia studo. Poste sekvis la *Etimologia Vortaro* de Ebbe Vilborg en 5 volumoj (1989–2001) kaj la analizoj kaj vortaro de Cherpillot (2003).

3.4 Etapoj de Esperanto

En 1987, antaŭ sia morto, Szerdahelyi ankoraŭ pretigis resumon por Universala Kongreso pri la tri etapoj de nia lingvo kiun Rokicki (2009, 29) trafe nomis lia *esperantologia testamento*.

- **1a etapo: de la komencoj ĝis 1920** kiu produktas la unuan *Fundamenton* kun la *Universala Vortaro*;[1]

---

[1] Universala Vortaro de Zamenhof en 1894 aperis kiel aparta libro kaj poste fariĝis parto de la Fundamento (Zamenhof 1905).

- **2a etapo: de 1920 ĝis 60-aj jaroj** kiu fiksas la duan fundamenton kun la *Literatura Mondo, Plena Vortaro* kaj *Plena Gramatiko*;[2]
- **3a etapo: ekde la 60-aj jaroj** kiam jam eblas paroli pri scienca esperantologio pro la esploroj, apero de *Plena Ilustrita Vortaro*, sed ankoraŭ mankas lingvistika priskribo de Esperanto.[3]

Pli detaligita divido troveblas en Koutny (2018), jam konsiderante la nunan epokon, entute 5 periodojn de projekto ĝis natura lingvo. Kaj nun? La konciza *Lingvistikaj aspektoj de Esperanto* de Wells (1978) kaj la anglalingva verko de Gledhill (2000) bazita sur korpuso montras en tiu direkto. *Plena Manlibro de Esperanta Gramatiko* (PMEG) de Wennergren (2005/2020, sed daŭre aktualigata en la reto) estas ampleksa bone uzebla kaj grava didaktika gramatiko. Tamen la detala lingvistika priskribo de Esperanto estas ankoraŭ antaŭ ni.

Szerdahelyi prelegis dum siaj kursoj pri **Esperanta gramatiko** kaj verkis kelkajn artikolojn. Li planis verki sciencan gramatikon de Esperanto kies partoj estus: (a) grafiko kaj foniko; (b) morfemiko; (c) sintagmatiko; (d) sintakso kaj (e) tekst-gramatiko kaj stilistiko. La *Esperantologiaj kajeroj* – eldonitaj en ELTE – servis tiun celon por kiu li bonvenigis ankaŭ kolegojn kaj studentojn por kontribui. La unua kajero (1976) efektive plenumas tiun celon. Ĝi entenas artikolojn pri fonologio, leksikologio, formologio kaj singtagmatiko de diversaj aŭtoroj, i.a. lian *La Esperanta Morfemaro* (Szerdahelyi 1976b), kie jam aperas semantikaj-etimologiaj analizoj. En anonco en IPR (3) 1979 li mencias ankaŭ la aperontan *Skizon pri morfemiko de Esperanto*, sed tio neniam aperis. Laŭ mia scio, li verkis la volumon grafemiko en la fino de sia vivo, sed ankaŭ ĝi perdiĝis.

4 Konkludoj

István Szerdahelyi estas senkonteste grava figuro de interlingvistiko kaj esperantologio. Kiel fondinto de la Esperanto-fako kaj tiel instituciiganto de sistema instruado kaj esplorado de esperantologio kaj en vasta senco interlingvistiko en ELTE certigas al li unikan lokon.

---

2 Literatura Mondo estis revuo fondita de Kálmán Kalocsay, Julio Baghy kaj Theodor Schwartz (Tivadar Soros) kaj aperigita en Budapeŝto ekde 1922 kun plurjaraj interrompoj ĝis 1949. Literatura Mondo ankaŭ funkciis kiel eldonejo de libroj. Plena Vortaro (PV): Grosjean-Maupin (1930) kun pluraj postaj eldonoj. Plena Gramatiko: Kalocsay kaj Waringhien (1935), poste en du tralaboritaj kaj pliampleksigitaj eldonoj, ekde 1980 profunde reverkita sub la titolo Plena analiza gramatiko de Esperanto (PAG) plej laste (Kalocsay kaj Waringhien 1985).

3 Plena Ilustrita Vortaro (PIV): Waringhien (ĉefred.) (1970), poste en du eldonoj reviziitaj sub kunordigo de Michel Duc Goninaz (2005) kaj de Michel Duc Goninaz kaj Klaŭdo Roux (2020). Nuntempe PIV disponeblas en reta versio vartata de Bertilo Wennergren (Waringhien ĉefred. 2020).

En la diskuto pri la enhavo kaj loko de interlingvistiko, li imagis ĝin ene de aplikata lingvistiko kaj montris ĝian rilaton kun lingvomodeligo kaj lingvopolitiko. Szerdahelyi prezentis sisteman aliron al interlingvistiko kaj speciale esploris la hungarajn lingvoprojektojn (universitata studlibro el 1980).

Li traktis ĉiujn lingvistikajn terenojn de esperantologio pro la bezono de la universitataj studoj kaj por prezenti iam sisteman lingvistikan priskribon de Esperanto. Kelkaj liaj konstatoj alportis novan lumon al Esperanto: la rifuzo de la gramatika karaktero de radikoj – valida ĝis nun en la Akademio de Esperanto – kaj turno de la atento al la semantika flanko de la internacia lingvo necesa por la memstara evoluo; li malkovris ke Zamenhof transprenis vortojn el la fontolingvoj kies vortkategorioj influis lin, la radikojn li poste ekstraktis. Li bone vidis la slavan influon por la signifo de la latinidaj vortoj.

Szerdahelyi prezentis sisteme la etimologiajn operaciojn en la kreo de la tiam jam 100-jara lingvo kion sekvis la *Etimologia Vortaro* de Ebbe Vilborg.

Bedaŭrinde, pro lia frua morto ne aperis la planitaj esperantlingvaj ampleksaj verkoj pri interlingvistiko kaj esperanta gramatiko, sed aperis la *Hungara-Esperanta meza vortaro*, kiun mi finis, kun ĉ. 65 mil leksikaj unuoj (Szerdahelyi kaj Koutny 1996). Minnaja skribis en sia recenzo pri *Abunda fonto*: "Se nun ni povas fieri, ke esperantologio estas scienco, tion ni ŝuldas grandparte al István Szerdahelyi." (Minnaja 2010). Mi finas per la sama frazo kiel la antaŭparolon de la libro *Elektitaj artikoloj* (Szerdahelyi 2024): "... pluraj problemoj pri kiuj li okupiĝis ankoraŭ estas aktualaj. Necesas lia engaĝiĝo, laboremo kaj persisto por ke esperantologio kaj interlingvistiko atingu sian meritan pozicion en la mondo." (Koutny 2024a, 9-10).

Bibliografio

Akademio de Esperanto. 1968. *Aktoj de la Akademio 1963-1967*. Rotterdam: Akademio de Esperanto.
https://www.akademio-de-esperanto.org/aktoj/aktoj1/Aktoj_de_la_Akademio_1963-1967.pdf (29.04.2025)

Back, Otto. 1980. "Pri planlingva etimologio." En *Miscellanea Interlinguistica*, redaktis István Szerdahelyi, 266-276. Budapest: Tankönyvkiadó.

Barandovská-Frank, Věra. 2020. *Interlingvistiko. Enkonduko en la sciencon pri planlingvoj* (Interlingvistikaj Studoj/Studia Interlingwistyki 1). Poznań: Interlingvistikaj Studoj kaj Rys - http://interl.home.amu.edu.pl/interlingvistiko/Barandovska_Interlingvistiko_enkonduko.pdf (29.04.2025)

Blanke, Detlev. 1998. "Interlinguistik und Plansprachen." *Sitzungsberichte der Leibniz-Sozietät* 21: 45-76. - pliampleksigita versio: Detlev Blanke.

2006. "Zum Gegenstand der Interlinguistik." En Detlev Blanke: *Interlinguistische Beiträge. Zum Wesen und zur Funktion internationaler Plansprachen*, redaktis Sabine Fiedler. Frankfurt am Main: Peter Lang. 19–34.

Blanke, Detlev. 2003. *Interlingvistiko kaj esperantologio: vojoj al faka literaturo.* (Esperanto Dokumentoj 39E.) Rotterdam: Universala Esperanto-Asocio.

Cherpillot, André. 2003. *Konciza etimologia vortaro.* Roterdamo: Universala Esperanto-Asocio.

Duc Goninaz, Michel. 2009. "Szerdahelyi kaj la 'gramatika karaktero de la radikoj'." En *Abunda fonto. Memorlibro omaĝe al prof. István Szerdahelyi*, redaktis Ilona Koutny, 166–177. Poznań: ProDruk.

Gledhill, Christopher. 2000. *The Grammar of Esperanto. A Corpus-based description* (Languages of the World / Materials 190). München: Lincom Europa.

Gobbo, Federico. 2023. "Ses difinoj serĉantaj fakon." *Beletra Almanako* 17, kajero 46: 100–123.

Gold, David L. 1980. "Towards a study of possible Yiddish and Hebrew influence on Esperanto." En *Miscellanea Interlinguistica*, redaktis István Szerdahelyi, 300–367. Budapest: Tankönyvkiadó.

Gorecka, Halina kaj Aleksander Korĵenkov. 2018. *Nia diligenta kolegaro. Biografioj de 200 eminentaj esperantistoj.* Kaliningrado: Sezonoj kaj Kaunas: Litova Esperanto-Asocio.

Grosjean-Maupin, Émile. 1930. *Plena vortaro de Esperanto.* Paris: Sennacieca Asocio Tutmonda.

Jansen, Wim. 2008. *Naturaj vortordoj en Esperanto.* Rotterdam: Universala Esperanto-Asocio.

Jansen, Wim. 2024. *Vortformado en Esperanto.* Rotterdam: Bero.

Kalocsay, Kálmán kaj Gaston Waringhien. 1935. *Plena gramatiko de Esperanto.* Budapest: Literatura Mondo.

Kalocsay, Kálmán kaj Gaston Waringhien. 1985. *Plena analiza gramatiko de Esperanto.* 5-a eld. Rotterdam: Universala Esperanto-Asocio.

Koutny Ilona. 1977. Grandaj matematikistoj kaj la lingvomodeligo. Diplomlaboraĵo Budapeŝto. Universitato Eötvös Loránd.

Koutny, Ilona, red. 2009a. *Abunda fonto. Memorlibro omaĝe al prof. István Szerdahelyi.* Poznań: ProDruk.

Koutny, Ilona. 2009b. "Loke kaj fake, internacie kaj home. Prof. István Szerdahelyi (1924–1987)." *Internacia Pedagogia Revuo* kajero 3: 23–29.

Koutny, Ilona. 2010. "István Szerdahelyi (1924–1987) und sein Wirken für die Interlinguistik." En *Die Rolle von Persönlichkeiten in der Geschichte der Plansprachen. Beiträge der 19. Jahrestagung der Gesellschaft für Interlinguistik e.V., 27.–29. November 2009, in Berlin* (Interlinguistische Informationen, Beiheft 17.), redaktis Sabine Fiedler, 81–92. Berlin: Gesellschaft für Interlinguistik.

http://www.interlinguistik-gil.de/wb/media/beihefte/17/Koutny_81-92.pdf (24.02.2025)

Koutny, Ilona. 2013. "Kiel niaj pensoj vortiĝas." En *Leksikologio, frazeologio, historio, semantiko kaj terminologio: du kontinentoj renkontiĝas en Hanojo. Aktoj de la 35-a Esperantologia Konferenco*, redaktis Christer Kiselman kaj Mélanie Maradan, 35–48. Rotterdam: Universala Esperanto-Asocio.

Koutny, Ilona. 2018. "De la planlingvo de Zamenhof ĝis nature disvolviĝanta lingvo: etapoj de la evoluo de esperanto." En *Ludwik Zamenhof okaze de la centa datreveno de la morto. Aktoj de la kunveno, Romo, 11. decembro 2017*, 89–98. Romo: Accademia Polacca Roma. http://www.rzym.pan.pl/images/Conferenze_141_esperanto_ebook.pdf (24.02.2025)

Koutny, Ilona. 2024a. "Antaŭparolo." En Szerdahelyi, István. *Elektitaj artikoloj* (Interlingvistikaj Studoj 4.), elektis, prilaboris kaj enkondukis Ilona Koutny, 7–10. Poznań: Interlingvistikaj Studoj kaj Rys. https://doi.org/10.48226/978-83-68006-44-5 (24.02.2025)

Koutny, Ilona. 2024b. "István Szerdahelyi – ĝisosta pedagogo. Okaze de la 100-jara jubileo." *Internacia Pedagogia Revuo* kajero 4: 8–12.

Lindstedt, Jouko. 2024. "Liberiĝi de interlingvistiko." *Esperantologio / Esperanto Studies* 13, nova serio 5: 54–66. https://doi.org/10.59718/ees58914 (24.02.2025)

Literatura Mondo. 1922–1949. Revuo. Budapeŝto.

Minnaja, Carlo. 2010. "Fonto vere abunda." *Literatura Foiro* kajero junio. http://retbutiko.be/eo/ero/afsz#Carlo%20Minnaja (29.04.2025)

Pechán, Alfonz, red. 1966. *Gvidlibro por supera ekzameno*. Budapest: Hungara Esperanto-Asocio.

Piron, Claude. 1984a. "Contribution à l'étude des apports du yiddish à l'espéranto." *Jewish Language Review* kajero 4: 15–29. http://claudepiron.free.fr/articlesenfrancais/yiddish.htm (24.02.2025) – traduko de Doron Modan: Claude Piron. 1984. "Kontribuaĵo al la studo pri la influoj de la jida sur Esperanton." https://me.in-berlin.de/~maxnet/esperanto/piron/jida.htm (24.02.2025)

Rokicki, Ryszard. 2009. "Esperantologia testamento." En *Abunda fonto. Memorlibro omaĝe al prof. István Szerdahelyi*, redaktios Ilona Koutny, 29. Poznań: ProDruk.

Rokicki, Ryszard. 2022. *Enkoduko en la morfologion de Esperanto*. Kaliningrado: Sezonoj kaj Kaunas: Litova Esperanto-Asocio.

Sakaguchi, Alicja. 1998. *Interlinguistik. Gegenstand, Ziele, Aufgaben, Methoden*. Frankfurt am Main: Peter Lang.

Saussure, René de. 1910. *La logika bazo de vortfarado en Esperanto*. Genève: Universala Esperantia Librejo.

Schubert, Klaus. 1989. "Interlinguistics – Its Aims, Its Achievements, and Its Place in Language Science." En *Interlinguistics – Aspects of the Science of Planned Languages* (Trends in Linguistics, Studies and Monographs 42.), redaktis Klaus Schubert kun Dan Maxwell, 7–44. Berlin kaj New York: Mouton de Gruyter. https://doi.org/10.1515/9783110886115.7 (24.02.2025)

Schubert, Klaus. 2024. "Interlinguistik und Esperantologie: eine neue Bestandsaufnahme." En *Jahrbuch de Gesellschaft für Interlinguistik 2024*, redaktis Cyril Robert Brosch kaj Sabine Fiedler, 109–122. Leipzig: Leipziger Universitätsverlag. https://media.interlinguistik-gil.de/beihefte/JGI2024/JGI2024.pdf (20.11.2024)

Szerdahelyi, István. 1972. *Eszperantó. Bevezetés és nyelvgyakorlatok*. [Esperanto. Enkonduko kaj lingvoekzercoj.] Budapest: Tankönyvkiadó.

Szerdahelyi, István. 1976a. *Vorto kaj vortelementoj*. La Chaux-de-Fonds: KCE & Kuopio: Literatura Foiro.

Szerdahelyi, István. 1976b. "La Esperanta morfemaro." En *Esperantologiaj kajeroj 1*, redaktis István Szerdahelyi, 61–117. Budapest: Tankönyvkiadó.

Szerdahelyi, István. 1976c. "Semantika modelo de Esperanto." En *Internacia Lingvistika Simpozio, Kumrovec 1975*, redaktis Zlatko Tišljar, 85–148. Zagreb: Internacia Kultura Servo.

Szerdahelyi, István. 1977. *Bábeltől a világnyelvig*. Budapest: Gondolat.

Szerdahelyi, István. 1979a. "Enkonduko en interlingvistikon." En *Einführung in die Interlinguistik (Enkonduko en la Interlingvistikon)* (Europäische Reihe: Entnationalisierte Wissenschaft.), redaktis Tazio Carlevaro kaj Günter Lobin, 9–85. Alsbach: Leuchtturm.

Szerdahelyi, István. 1979b. "Pri la lingvistika priskribo de esperanto." En *Esperanto – La internacia lingvo – Sciencaj aspektoj*, redaktis Detlev Blanke. Berlin: Kulturligo de GDR, Centra Laborrondo Esperanto. 111-116.

Szerdahelyi, István. 1980. *Bevezetés az interlingvisztikába. Történeti vázlat és forrástanulmány*. Budapest: Tankönyvkiadó.

Szerdahelyi, István. 1981. "Signo, signifo, signifo-integrado." En *Li kaj ni. Festlibro por la 80a naskiĝtago de Gaston Waringhien*, redaktis Reinhard Haupenthal, 313–336. Antverpeno: TK kaj La Laguna: Stafeto.

Szerdahelyi, István. 1985. *Alkalmazott nyelvészeti alapfogalmak. Tanulmányok, szemelvények I*. Kézirat. Budapest: Tankönyvkiadó.

Szerdahelyi, István. 1987a. "Principoj de Esperanta etimologio." En *Studoj pri la Internacia Lingvo*, redaktis Michel Duc Goninaz, 109–138. Gent: AIMAV.

Szerdahelyi, István. 1987b. "Diakrona kaj sinkrona esperantologio." *Informilo por Interlingvistoj* kajero 2.

Szerdahelyi, István. 1997. "Etimologio de gramatikaj elementoj." En *Struktura kaj socilingvistika esploro de Esperanto*, redaktis Ilona Koutny kaj Márta Kovács, 153–161. Budapest: Steleto kaj ILEI.

Szerdahelyi, István. 2024. *Elektitaj artikoloj* (Interlingvistikaj Studoj 4.), elektis, prilaboris kaj enkondukis Ilona Koutny. Poznań: Interlingvistikaj Studoj kaj Rys.
https://doi.org/10.48226/978-83-68006-44-5 (24.02.2025)

Szerdahelyi, István kaj Ilona Koutny. 1996. *Hungara-Esperanta meza vortaro*. Budapest: MESZ.

Vilborg, Ebbe. 1989–2001. *Etimologia vortaro de Esperanto*. Vol. 1–5. Stockholm: Eldona Societo Esperanto.

Waringhien, Gaston. 1959. *Lingvo kaj vivo*. La Laguna: Stafeto.

Waringhien, Gaston, ĉefred. 1970. *Plena ilustrita vortaro de Esperanto*. Paris: Sennacieca Asocio Tutmonda.

Waringhien, Gaston, ĉefred. 2020. *PIV 2020*. https://vortaro.net/ (29.04.2025)

Wells, John. 1978. *Lingvistikaj aspektoj de Esperanto*. Rotterdam: Universala Esperanto-Asocio, Centro de Esploro kaj Dokumentado.

Wennergren, Bertilo. 2005. *Plena manlibro de esperanta gramatiko*. s. l.: Esperanto-Ligo por Norda Ameriko. – 2-a eld. 2020. Partizánske: E@I, La Ranetoj. – reta eldono (versio 15.5). 2024. https://bertilow.com/pmeg/elshutebla/pmeg_15.5.pdf (29.04.2025)

[Zamenhof, L. L.] D-r Ėsperanto. 1887. *Meždunarodnyj jazyk*. Varšava: Kel'ter [presejo]. http://data.onb.ac.at/dtl/7001741 (29.04.2025)

Zamenhof, L. L. 1905. *Fundamento de Esperanto*. Paris: Hachette. http://data.onb.ac.at/dtl/5424176 (29.04.2025)

Pri la aŭtoro

Ilona Koutny, profesoro pri lingvistiko (hungararologio kaj esperantologio) en la Universitato Adam Mickiewicz (AMU), Poznano, Pollando. Iama disĉiplo (1972–1977) de I. Szerdahelyi, lia posteulo en la Esperanto-fako de la Universitato Eötvös Loránd (ELTE), Budapeŝto (1987–1995). Fondinto kaj gvidanto de la Interlingvistikaj Studoj en AMU (1998–2024). Post longa okupiĝo pri komputa lingvistiko, lastatempe ŝi esploras la rilaton inter lingvo kaj kulturo. Leksikografio ĉeestas en ŝia vivo dekomence. Ŝi publikigis kelkajn librojn, vortarojn kaj multajn artikolojn.

Retadreso: ikoutny@amu.edu.pl
ORCID-numero: 0000-0001-7950-1470

About the author

Ilona Koutny, profesor of linguistics (Hungarian and Esperanto studies) at Adam Mickiewicz University (AMU), Poznań, Poland. Former student of I. Szerdahelyi (1972-1977), his successor in the Esperanto department at Eötvös Loránd University (ELTE), Budapest (1987-1995). Founder and director of Interlinguistic Studies at AMU (1998-2024). After a long career in computational linguistics, she has recently been researching the relationship between language and culture. Lexicography has been present in her life from the beginning. She has published several books, dictionaries and many articles.

Über die Verfasserin

Ilona Koutny, Professorin für Sprachwissenschaft (Hungarologie und Esperanto) an der Adam-Mickiewicz-Universität (AMU), Poznań, Polen. Ehemalige Studentin von I. Szerdahelyi (1972-1977), seine Nachfolgerin am Esperanto-Fach der Eötvös-Loránd-Universität (ELTE), Budapest (1987-1995). Gründerin und Leiterin der Interlinguistischen Studien an der AMU (1998-2024). Nach einer langen Beschäftigung mit Computerlinguistik erforscht sie heute die Beziehung zwischen Sprache und Kultur. Die Lexikographie ist von Anfang an in ihrem Leben präsent. Sie hat eine Reihe von Büchern und viele Artikel veröffentlicht.

The role of István Szerdahelyi in interlinguistics and esperantology

Abstract: István Szerdahelyi institutionalized the university instruction of interlinguistics and Esperanto-studies – this alone would guarantee him a place of honor in the history of Esperantology. But he was also an outstanding interlinguist, Esperantologist and pedagogue. This article outlines his most important achievements in the field of interlinguistics (location and systematic presentation of the field, Hungarian planned languages) and Esperantology (new, linguistic approach to the classification of morphemes, structural features of Esperanto, beginning research on the hitherto neglected area of Esperanto semantics, and the systematic presentation of etymological operations).

Keywords: interlinguistics; Esperanto studies; morpheme classification; syntax; semantics; etymology

Die Rolle von István Szerdahelyi in der Interlinguistik und Esperantologie

Zusammenfassung: István Szerdahelyi institutionalisierte die universitäre Lehre der Interlinguistik und Esperantologie – das würde ihm bereits eine würdige Rolle in der Geschichte der Esperantologie einräumen. Er war aber auch ein hervorragender Interlinguist, Esperantologe und Pädagoge. Der Artikel skizziert seine wichtigsten Errungenschaften auf dem Gebiet der Interlinguistik (Verortung und systematische Darstellung des Fachgebiets, ungarische Plansprachen) und der Esperantologie (neuer, linguistischer Ansatz zur Morphemklassifizierung, Strukturmerkmale von Esperanto, Beginn der vernachlässigten semantischen Forschung von Esperanto, systematische Darstellung etymologischer Operationen).

Schlüsselwörter: Interlinguistik; Esperantologie; Morphemklassifikation; Syntax; Semantik; Etymologie

Martine Mussies
Universiteit Maastricht

Fanfiction in Esperanto – Esperanto in Fanfiction

Abstract: Esperanto's role in fanfiction provides a compelling case study of how constructed languages function within digital participatory culture. This article examines the ways in which Esperanto appears in fan-created narratives, both as a storytelling device and as a medium for linguistic experimentation. It explores Esperanto's use as a futuristic lingua franca in science fiction, a secret or resistance language in dystopian settings, and a bridging language between cultures and characters. Additionally, it considers the phenomenon of fanfiction written entirely in Esperanto, highlighting the language's use in both translation projects and original narratives. Through an analysis of examples, including *Ruĝen: rakonto pri intima socialismo* and *Now You're Thinking With Portals! Wait, That's Knot Right*, the article discusses the challenges of linguistic authenticity, particularly when Esperanto is incorporated via machine translation. Furthermore, it examines the expansion of Esperanto fan creativity beyond textual storytelling, as illustrated by *La Kanto de Tamar* (by the author of this paper), a fan-created song blending science fiction with historical legend. This study ultimately demonstrates that Esperanto's presence in fanfiction extends beyond mere linguistic play; it functions as a dynamic tool for world-building, identity exploration, and alternative storytelling within contemporary fandom culture.

Keywords: Constructed languages; Esperanto; Fanfiction; Linguistic experimentation; Participatory culture; Science fiction

1 Introduction: exploring the role of Esperanto in fanfiction

Fanfiction has long served as a creative space where writers experiment with narrative structures, character development, and, significantly, language (Thomas 2007). As a literary phenomenon, fanfiction allows authors to engage with existing worlds while incorporating their own perspectives, often reshaping canonical material to explore alternative timelines, cultures, and linguistic elements (Farley 2017). One of the most compelling aspects of fanfiction is its multilingual nature (Mussies 2023). Many fanfics incorporate elements of multiple languages, whether through code-switching, (fictional) dialects, or entirely constructed languages: "conlangs" (Peacey

2020). The presence of real-world constructed languages, particularly Esperanto, within fanfiction is an underexplored area of study. While Esperanto remains a prominent example, other constructed languages such as Klingon from Star Trek, Dothraki and High Valyrian from Game of Thrones, and Quenya and Sindarin from Tolkien's legendarium have also been employed by fanfiction writers to enhance world-building and characterisation. Esperanto, designed as a politically neutral and accessible lingua franca, has often appeared in speculative fiction as the language of the future (Fians 2021). Science fiction writers, in particular, have utilised Esperanto as a tool to imagine global or even intergalactic communication. Beyond its role within fictional universes, Esperanto has also served as a medium through which fanfiction itself is written, providing a unique linguistic community with fan-created literature in the language.

The relationship between fanfiction and language is particularly significant because fanfiction is, by its very nature, a participatory and boundary-pushing form of literature (Mussies 2024b). Unlike traditional publishing, which often adheres to strict linguistic norms, fanfiction communities thrive on linguistic creativity, allowing writers to experiment with polyglossia, invented terminology, and alternate linguistic histories (Jenkins 1992). This makes Esperanto – an idealistic language created to foster international understanding – an especially fascinating subject within the realm of fanfiction. Furthermore, fanfiction writers often use language to explore identity, cultural hybridity, and linguistic diversity, mirroring the way Esperanto itself emerged as a language meant to bridge cultural divides. Writers may use Esperanto to signal a utopian future, to reflect a specific subculture, or simply as a playful homage to linguistic experimentation. These different usages highlight the versatility of Esperanto within both fictional storytelling and real-world literary communities.

This article explores the relationship between fanfiction and Esperanto from two perspectives. First, it examines how Esperanto has been used within fanfiction, particularly in science fiction and speculative fiction genres. Second, it investigates the presence of fanfiction written in Esperanto, highlighting key works, trends, and the motivations behind writing in the language. Through an analysis of a specific case study, this article seeks to illustrate the ways in which Esperanto functions both as a narrative device and as a living language within the fanfiction community. In doing so, it offers insights into the broader role of constructed languages in participatory literary cultures.

2 Definition and origins of fanfiction

Fanfiction, often abbreviated as 'fanfic', refers to works of fiction written by fans of existing media properties – such as books, films, television series, or video games – that build upon, expand, or reinterpret elements from the original work. Unlike officially licensed adaptations, fanfiction is typically produced outside traditional publishing and circulates primarily within online communities.

While the phenomenon of fanfiction is particularly associated with the digital age, its roots can be traced back much earlier. Storytelling practices resembling fanfiction have existed for centuries. The Christian Bible, for example, has inspired numerous apocryphal and derivative works that reimagine characters and motivations (de Bruin 2024). Celtic mythological traditions, including tales of shapeshifting women, druids, and the mystical Ogham script, have been continuously reworked, as recently illustrated in fanfiction about King Alfred the Great that blends historical and mythological elements (Mussies 2023). Similar fanfictive impulses appear in Afro-Caribbean narratives, such as reinterpretations of the Mami Wata figure and the zombie mermaid archetype, which blend folklore with modern feminist concerns and speculative futures (Mussies 2022a; 2024a). Thus, long before the internet, storytelling offered fertile ground for transformative engagement with source material – a hallmark of what is now widely recognised as fanfiction.

Modern fanfiction as a recognised genre began to coalesce in the 20th century, particularly within science fiction and fantasy fandoms. The rise of *Star Trek* fanzines in the 1960s is often credited with catalysing contemporary fanfiction culture, providing a model for the collective expansion and reinterpretation of beloved narratives.

The emergence of digital fanfiction platforms such as FanFiction.net, Archive of Our Own (AO3), and Wattpad has further positioned fanfiction within a broader landscape of participatory fan art, where textual, visual, and multimedia creations coexist and interact. Tumblr, in particular, has become a central hub for fannish creativity, offering a space where fanfiction merges with digital art, GIF sets, meta-analyses, and video edits, forming a dynamic and intertextual cultural archive. Unlike traditional literary circles, these platforms enable a fluid and decentralised engagement with texts, encouraging fans to reinterpret, rewrite, and expand upon media narratives.

This participatory culture not only fosters community-building but also enables experimentation with language, identity, and representation. The iterative and interactive nature of fanfiction aligns it with broader fannish 'hacking/making' traditions, where fans creatively rework and remix existing materials to better reflect their own narratives, interests, and sociopolitical concerns (Mussies 2023b). In fannish contexts, 'hacking/making' refers to creative practices that subvert and transform dominant cultural materials, much like feminist craftivism reclaims traditional domestic arts for political purposes. It involves deconstructing and reassembling narratives to challenge hegemonic representations and to empower marginalised voices. Within this tradition, the playful and experimental use of Esperanto in fanfiction – through full narratives, translations, or lyrical inventions such as *La Kanto de Tamar* (Mussies 2024c) – can also be seen as a form of language hacking and making. Fans repurpose Esperanto not only to build new fictional worlds but also to imagine alternative futures, forge transnational identities, and question linguistic hierarchies, thus contributing to a broader participatory reimagining of cultural and linguistic norms.

A crucial dimension of fannish rewriting lies in its role in feminist and emancipatory storytelling. Fanfiction has historically provided a space for marginalised voices – particularly women, LGBTQ+ individuals, dis/abled people and people of colour – to challenge dominant media narratives and reclaim agency. Feminist fan rewritings, often referred to as 'fix-it fics' or 'meta critiques', address gendered disparities by reimagining female characters in leadership roles, introducing queer perspectives, and subverting traditional tropes of heroism. An example developed to explore the intersection of science fiction, mythology, and feminist utopianism is the Esperanto fanfiction *La Rekompenco de Tamar* (Mussies 2024d). In this work, the cyborg mermaid Tamar is portrayed as an active agent who rewrites history, with the narrative intentionally using the medium of a constructed international language to engage with themes of identity, neurodiversity, and empowerment. Such projects illustrate how fanfiction can function not merely as entertainment but as a site of resistance, fostering digital activism and empowering new generations of media creators.

In light of these transformative practices, it becomes evident that fanfiction is not merely a derivative form but a vibrant space for creative and linguistic experimentation, where fans actively reshape language, narrative, and identity on their own terms.

3 Fanfiction as a space for creativity and linguistic experimentation

One of the most distinctive aspects of fanfiction is its ability to serve as a creative and experimental literary space. Unlike conventional publishing, which is often constrained by market demands and editorial oversight, fanfiction operates within a more fluid and democratic ecosystem. Writers have the freedom to push the boundaries of storytelling, both structurally and linguistically. Fanfiction writers frequently engage in linguistic experimentation, making creative use of different languages, dialects, and linguistic structures. This can range from code-switching – where characters or narrators alternate between two or more languages within a text – to the invention of entirely new languages (conlangs). Such experimentation allows fanfiction authors to explore themes of identity, culture, and communication in ways that might not be possible within mainstream literature.

Many fanfictions incorporate multilingual elements, reflecting the linguistic diversity of their authors and audiences. Writers often use code-switching to add authenticity to characters from multilingual backgrounds or to create a sense of realism in cross-cultural interactions. In some cases, characters switch between languages based on their emotional state, social context, or cultural identity, mirroring real-world bilingual speech patterns. Additionally, fanfiction writers may use foreign words or phrases to signify cultural specificity, adding depth to world-building or emphasising the distinctiveness of particular characters. For instance, a *Harry Potter* fanfic might include dialogues in Latin to enhance the mystical atmosphere of spellcasting, or a cyberpunk-inspired *Star Wars* fic could integrate Mandarin or Japanese to reflect an imagined futuristic linguistic landscape. Fanfiction often explores 'what-if' scenarios, and language is no exception. Writers may construct alternative linguistic histories that challenge existing narratives about language development and use. For instance, in a medieval fanfiction setting, an author might depict King Alfred the Great not only learning Old English and Latin but also engaging with Ogham script as part of an alternative historical timeline (Mussies 2023b). Similarly, some fanfictions engage with linguistic anachronisms, reimagining how language might have evolved under different geopolitical or cultural conditions. These narratives can function as both an exercise in historical linguistics and as a commentary on how language shapes identity and communication.

One important dimension of fanfiction's linguistic experimentation lies in the use of constructed languages within fictional worlds. As Barnes and Van Heerden (2006) argue, fictional languages in science fiction and fantasy literature serve a pluridimensional function: they not only aid in the creation of immersive fictional worlds but also operate within those worlds as sociolinguistic systems, helping to construct group and individual identities. This dual role highlights the significance of language not just as a tool of communication, but as a narrative device that shapes the very fabric of imagined societies.

Many fanfiction writers engage in the development of constructed languages (conlangs), either by inventing new linguistic systems or by incorporating established fictional languages into their narratives. This phenomenon, widely recognised both within and outside the Esperanto-speaking world, has been examined in several studies on linguistic creativity and fan cultures (Peterson 2015). Popular examples include the use of Quenya and Sindarin, the Elvish languages developed by J. R. R. Tolkien, which have become central elements in *The Lord of the Rings* fandom (Mussies 2022b). Other prominent conlangs include Klingon from Star Trek (Thibault 2020) and Dothraki from Game of Thrones (Meluzzi 2019). Ursula K. Le Guin's Earthsea cycle, though more implicit in its linguistic world-building, also demonstrates a deep engagement with language as power, with its central 'True Speech' functioning as both a narrative and philosophical device (Le Guin 1968). These examples illustrate how conlangs not only contribute to immersive world-building but also serve as tools for exploring identity, power dynamics, and cultural plurality within fan-created and canonical texts alike.

Stanley (2003) proposes that constructed fictional languages (CFLs) often operate along a dual axis: they not only contribute to the immersive quality of a fictional world, but also shape how characters and cultures are perceived by audiences. Particularly for antagonistic or 'othered' groups, fictional languages are deliberately engineered to evoke specific emotional reactions, often through phonological choices perceived as harsh, alien, or unsettling to English-speaking audiences. Stanley's analysis demonstrates that the phonological, grammatical, and lexical features of these languages are carefully selected to reinforce cultural narratives of difference and opposition within the fictional universe. While fictional languages are often crafted to signal cultural difference or emotional resonance, as Stanley suggests, they can also serve deeper mythological and aesthetic functions. Nowhere is this more evident than in the work of J. R. R. Tolkien, whose approach to language creation intertwined linguistic structure with the very foundations of fictional world-building.

Conlangs serve as a tool for world-building, adding depth and authenticity to fictional settings (Mussies 2022). Tolkien's approach to conlangs was deeply rooted in his background as a philologist. He saw language creation not merely as an exercise in linguistic construction but as an integral part of mythology and world-building. Unlike Esperanto, which was designed for practical communication, Tolkien's languages were developed with an aesthetic and historical purpose, interwoven with the cultures and histories of his fictional peoples. He believed that language should be studied for love rather than utility, an approach that continues to inspire fanfiction writers today. Additionally, conlangs in fanfiction can serve as a means of expressing personal linguistic preferences, much like Tolkien's concept of a 'personal proto-language' – a language that resonates with an individual's phonetic and aesthetic sensibilities (Smith 2022). Some fanfiction authors engage with Tolkien's Elvish languages by expanding their grammar and lexicon, much like the real-world evolution of language elsewhere, especially online (Mussies 2022b). Others draw inspiration from his methodology to create their own unique languages, influenced by real-world linguistic systems.

4 Esperanto in fanfiction

The incorporation of Esperanto into fanfiction serves multiple narrative and thematic purposes beyond mere linguistic ornamentation. As Okrent (2009) observes, constructed languages in literature often symbolise broader sociopolitical ideals. In Esperanto-based fanfiction, the language frequently acts as a narrative tool to explore themes of universality, cross-cultural understanding, and linguistic utopianism. Characters using Esperanto are often portrayed as intellectually curious and committed to ideals of internationalism, positioning language choice as a marker of both personal and political identity. Moreover, the presence of Esperanto reflects what Stockwell (2006) terms "linguistic worldbuilding", where language plays a crucial role in establishing the narrative setting and atmosphere. Fanfiction authors employing Esperanto leverage its neutral, constructed nature to transcend traditional geopolitical boundaries, particularly in crossover stories where characters from disparate fictional universes must negotiate communication barriers. In such contexts, Esperanto serves both as a plausible diegetic solution and a metatextual commentary on the aspirational universality embedded in science fiction narratives. Contemporary online fanfiction communities further reinforce this complex engagement. Many works featuring Esperanto incorporate metalinguistic commentary, with characters explicitly debating the potentials and limitations of Esperanto. These self-reflexive practices suggest that Esperanto fanfiction authors are not merely adopting the language for exoticism but are actively engaging with its historical context, ideological foundations, and evolving cultural significance.

In 2025, the distribution of Esperanto fanfiction was facilitated by various digital platforms, each contributing to the accessibility and visibility of this niche literary form. Archive of Our Own (AO3), a major fanfiction platform known for its non-commercial ethos and robust tagging system, hosted approximately 254 works tagged with "Esperanto" as of March 2025. While many of these works include only brief phrases or dialogue in Esperanto, a notable subset consists of fanfictions written entirely in the language. Wattpad, another popular fanfiction platform geared toward global youth audiences, listed around 23 stories associated with Esperanto, ranging from translated classics to original compositions. FanFiction.net, one of the earliest large-scale fanfiction archives, included 18 such works. Although these numbers may appear modest when compared to the vast scale of content on these platforms, their significance lies elsewhere. The persistent presence of Esperanto in these fanfiction spaces – particularly on platforms favoured by younger, digital-native users – indicates a continuing interest in the language among new generations. Moreover, because these figures only reflect publicly tagged works, they likely represent a fraction of the total production. Esperanto-related fanfiction also circulates in less visible or private venues, such as Facebook groups, Discord servers, Tumblr communities, and one-on-one exchanges. As such, these searchable instances serve not as statistical endpoints, but as indicators of a broader, living culture of Esperanto storytelling embedded within digital participatory practices.

Fanfiction, though often regarded as an informal or derivative genre, shares deep structural and thematic continuities with speculative fiction. Both forms are rooted in imaginative world-building, alternative histories, and explorations of social, technological, and linguistic futures. In particular, fanfiction inherits from science fiction the drive to question the status quo and to envision possibilities beyond the constraints of the real world. Within this speculative tradition, language often functions not merely as a communicative tool but as a central axis of world-making. Among the many constructed languages (conlangs) that have appeared in fanfiction, Esperanto holds a unique position due to its real-world status as an international auxiliary language. Unlike fictional languages created solely for storytelling purposes, Esperanto exists at the intersection of fiction and reality, making it a compelling tool for fanfiction writers exploring themes of global communication, neutrality, and linguistic accessibility.

One of the most prevalent uses of Esperanto in speculative fiction is as the lingua franca of utopian or futuristic societies. For instance, in Harry Harrison's *The Stainless Steel Rat* series, Esperanto is depicted as a common intergalactic tongue, reflecting the author's advocacy for the language (Carter 1980). Similarly, Philip José Farmer's *Riverworld* novels feature Esperanto as the language of the Church of the Second Chance, symbolising unity among diverse resurrected individuals. In Isaac Asimov's short story "Homo Sol", extraterrestrials communicate with humans using Esperanto, highlighting its role as a bridge between civilisations. The character of Herr Heinrich in H. G. Wells' *The War in the Air* demonstrates a "touching belief in Esperanto as a solution to international conflict" (Sherborne 2014, 5) and the novel also includes advertisements in Esperanto, suggesting its widespread use in a future society. These narratives align with Esperanto's historical association with idealistic internationalism and its early adoption by science fiction writers. As Barnes (1975) observes,

> While many writers ignore the issue of language altogether, a linguist-writer may choose to create an entire language system and build the society around it [...] For this reason, the imaginary languages found in science fiction are more thoroughly explained and are superior because they are created by linguists who are fully aware of the linguistic principles involved. (Barnes 1975)

This insight underscores the deliberate and thoughtful integration of languages like Esperanto into speculative narratives, reflecting broader themes of unity, cooperation, and progress.

In fanfiction, authors take this idea further by integrating Esperanto into existing science fiction universes. For instance, in *Star Trek* fanfiction, Esperanto can be used as the native tongue of a planet or to replace or supplement the Federation's 'Standard' as a common tongue, aligning with the franchise's utopian vision of a united humanity (OliviaR5Warbler 2019). Similarly, in fanfiction inspired by *Doctor Who*, writers may use Esperanto as a symbol of linguistic evolution, positioning it as a bridge between different species or time periods (Nytewing 2019). By using Esperanto in this way, fanfiction authors are engaging in a form of speculative linguistics, imagining what global or even intergalactic communication might look like in a future where language barriers are minimised. To illustrate the versatility of Esperanto in fanfiction, below is an excerpt from *Universal Understandings* (2024), a crossover between *Doctor Who* and *Star Trek*, published under the pseudonym of Galaxiulo. In this fanfiction, the Doctor visits the USS Enterprise and communicates with the crew in fluent Esperanto, leading to surprising and humorous situations. This excerpt shows how Esperanto functions as a universal language, facilitating cooperation between characters from different universes and emphasising language as a unifying element.

> The TARDIS appeared on the deck of the USS Enterprise, surprising the crew. The Doctor emerged, smiling, and said, 'Saluton! Mi estas la Doktoro. Ĉu vi parolas Esperanton?' Captain Kirk, a little confused, replied, 'Jes, ni ĉiuj parolas Esperanton ĉi tie.' The Doctor grinned. 'Bonege! Tiam ni povas komenci la aventuron sen lingvaj baroj.' (Galaxiulo 2024)

In fanfiction, Esperanto is not commonly used, but when it does appear, it often serves as a neutral or secret language, particularly within espionage, dystopian, and alternative history narratives. Its status as an international auxiliary language untethered to any specific nation renders it an ideal linguistic medium for characters engaged in political intrigue, underground resistance, or covert communication. In alternate history scenarios, Esperanto is often portrayed as a clandestine language of resistance against authoritarian regimes, symbolising transnational solidarity.[1] Similarly, in the speculative scenario discussed in the thread "Esperanto in a victorious CP world", the language gains prominence in a world dominated by the Central Powers, serving both as a unifying medium and a subject of conspiracy theories, with fictional portrayals of the Esperanto Institute as a shadowy organisation influencing global events.[2] Fanfiction narratives may depict Esperanto as a diplomatic lingua franca, a revolutionary vernacular, or even the official language of entire nations, reflecting the aspirations of real-world advocates who have promoted its potential for fostering international peace and mutual understanding, as will be exemplified below. These representations underscore Esperanto's unique cultural positioning at the intersection of utopian aspirations, historical contingency, and speculative imagination.

Beyond the domain of science fiction, Esperanto also features prominently in dystopian and alternative history fiction as a marker of secrecy, resistance, or ideological identity. In narratives reminiscent of Orwell's *1984* or Collins' *The Hunger Games*, Esperanto is often depicted as the language of dissident movements, functioning as an alternative to state-controlled linguistic hegemony. This literary portrayal aligns with historical attempts to position Esperanto as a politically neutral tool of resistance, particularly in contexts where authoritarian regimes have sought to suppress independent or international modes of communication. Furthermore, the ideological dimension of Esperanto extends into speculative and fantasy settings. Online discourse, such as a Reddit post by user FlamingHail, illustrates this phenomenon by envisioning a fictional society where "the predominant religion happens to use Esperanto how the Catholic Church has traditionally used Latin".[3] While it remains unclear whether this specific concept has been fully realised in fanfiction, such discussions highlight the broader ways in which Esperanto is woven into fictional societies as a symbol of tradition, authority, and linguistic cohesion. These representations underscore the language's unique cultural positioning at the intersection of utopian aspirations, historical contingency, and speculative imagination.

---

1   Search results (2025).
2   Esperanto in a victorious CP world (2017).
3   Using Esperanto in Fiction (2008).

Esperanto is also utilised in fanfiction as a bridging language between different cultures and characters. Fanfiction is, at its core, a medium of cultural exchange, and writers often use language to highlight connections and divisions between characters. Esperanto's structure as a simplified, highly regular language makes it an appealing choice for authors who wish to explore linguistic diversity without the complexities of real-world multilingualism. Esperanto's role as a bridging language is particularly evident in fanfiction that explores themes of inclusion and accessibility. Because Esperanto was designed to be easy to learn, it is sometimes portrayed as a more equitable alternative to English, French, or Latin, which often serve as default international languages in fiction. By incorporating Esperanto into their stories, fanfiction writers engage in a subtle critique of linguistic hegemony, imagining alternative linguistic landscapes that prioritise fairness and accessibility.

5 Fanfiction in Esperanto

Fanfiction written in Esperanto represents a unique intersection of linguistic innovation and fandom culture. Spanning various genres and platforms, these works not only provide entertainment but also serve as tools for language education, community building, and cultural preservation. As digital platforms continue to evolve, the presence and influence of Esperanto fanfiction is likely to expand, further enriching the global tapestry of fan-created content. Modern Esperanto fanfiction spans a variety of fandoms and platforms. Some works highlight the linguistic potential of Esperanto in translation projects, others embed the language within political and historical narratives, while still others explore its use in multimodal fannish expression. One particularly notable example is *La Glaciarium* (Trashlations D4tD 2020), a fanfiction based on *Good Omens* (a comedy SF book and TV show by Neil Gaiman and Terry Pratchett), that has been translated into Esperanto and accompanied by a podfic (an audio recording of the text). This project exemplifies the collaborative and multimedia dimensions of Esperanto storytelling, allowing both readers and listeners to experience a fandom well-known to them through the lens of a constructed international language. While the original text was written in English, the translation process itself reflects the linguistic activism often associated with Esperanto. By making fanfiction available in Esperanto, translators contribute to the ongoing efforts to normalise and expand the language's usage, ensuring that Esperanto remains viable as a spoken and literary language. The addition of a podfic further demonstrates the extent to which Esperanto enthusiasts engage with multiple forms of media, transforming the experience of reading into an auditory one, accessible to different types of audiences.

Beyond translation efforts, some fanfiction writers employ Esperanto as an intrinsic element of the narrative itself. Matenruĝulo's 2021 work *Ruĝen: rakonto pri intima socialismo* 'Red-wards: a story about intimate socialism' is a political Real Person Fiction (RPF) exploring the lives of twentieth-century European leftists – a subject matter that aligns closely with Esperanto's historical associations with socialist and internationalist movements (Matenruĝulo 2021). The Esperanto word *ruĝen*, formed by combining *ruĝa* 'red' with the directional suffix *-en* 'towards', can be interpreted both as a literal movement 'towards the red' and as a symbolic gesture towards socialism. Interestingly, the title may also allude – humorously or subversively – to nautical terminology such as "to port" (left), adding another layer of political orientation to the work's title.[4] Esperanto has long been associated with radical political thought, functioning as a language of solidarity among labour organisers, anarchists, and anti-fascists. In *Ruĝen*, this legacy is embedded within the storytelling, using Esperanto not merely as a linguistic curiosity but as a symbol of ideological commitment. Although specific passages from this fanfiction are not readily available, its very premise suggests that the use of Esperanto serves to reinforce themes of political unity, transnational activism, and resistance to oppression. Fanfiction of this nature extends beyond entertainment, engaging with historical reimaginings and speculative politics, making it a powerful tool for both storytelling and ideological exploration.

The integration of Esperanto into fandom, however, is not limited to textual works alone. In the case of *Tokyo Afterschool Summoners*, a popular mobile phone game featuring a richly developed fantasy world, Esperanto has been incorporated into fan-created visual art. The presence of Esperanto within fan art speaks to the language's symbolic power as a marker of inclusivity and globalism. While it is less common for constructed languages to be visually represented in fan culture, the inclusion of Esperanto within illustrated works suggests an attempt to imbue artistic creations with additional layers of meaning. By embedding Esperanto into visual compositions, artists connect their work to a broader linguistic and cultural movement, transforming language into a visual aesthetic rather than solely a textual medium. Esperanto fan creativity also extends into music. My own work *La Kanto de Tamar* (Mussies 2024c) also exemplifies this expansion of fanfiction beyond the written word. The song, composed for the character Tamar – a cyborg mermaid who meets King Alfred while journeying through time and space – blends science fiction with historical legend, themes that are common in Esperanto fanfiction. The lyrics narrate Tamar's quest for truth across the cosmos, culminating in her encounter with the

---

4   The author would like to thank Chris Gledhill for this suggestion.

past, echoing a recurrent motif in fanfiction: the intersection of alternative histories and speculative futures. Much like Esperanto itself, which exists as both a bridge language and an ideological construct, the song functions as both a chronicle and a prophecy, mirroring the way fanfiction engages with existing narratives while also reimagining them. The presence of original music in Esperanto underscores the broader participatory nature of fan culture, where storytelling is not confined to a single medium but evolves through text, performance, and auditory experience.

As such, Esperanto fanfiction exemplifies what Henry Jenkins (2008) terms *convergence culture* – the fluid movement of narratives, languages, and creative practices across different media platforms. Through translation efforts, collaborative multimedia projects, and fan-driven reinterpretations of mainstream texts, Esperanto fanfiction bridges linguistic and cultural communities, reinforcing the participatory nature of both fandom and Esperanto itself. It is not merely a niche linguistic curiosity but a living testament to the adaptability and resilience of constructed languages within digital storytelling ecosystems. By embedding Esperanto within fanfiction, creators engage in a broader dialogue about language, identity, and global communication, ensuring that this constructed language continues to evolve and thrive in the digital age. The examples discussed illustrate the breadth of Esperanto's role within fanfiction and fan culture. Whether through translation projects that seek to expand the reach of popular stories, politically charged narratives that engage with Esperanto's radical history, or visual artworks that integrate the language into fannish iconography, Esperanto continues to find a place in participatory storytelling. More than just a linguistic experiment, its use in fanfiction underscores the ongoing vitality of Esperanto as a cultural force – one that bridges disciplines, mediums, and communities. Esperanto fanfiction is a small but vibrant subgenre within the broader world of fan-created literature. Its presence across multiple platforms and fandoms highlights its versatility as both a storytelling tool and a linguistic experiment. Whether used to imagine utopian futures, to craft alternative histories, or to explore the aesthetic possibilities of a neutral and accessible language, Esperanto remains an intriguing medium for fanfiction writers.

6 Case study: the use of Esperanto in "Now You're Thinking With Portals! Wait, That's Knot Right"

The following case study exemplifies a unique and increasingly common phenomenon in fanfiction: the use of constructed languages as a characterisation tool, even when the author is not fluent in the language being used. Unlike fully Esperanto-written fanfictions such as *Ruĝen: rakonto pri intima socialismo*, which reflect a deep engagement with the language, this fanfic presents a different but equally valuable case – one where Esperanto is used to highlight a character's distinctiveness, yet where linguistic accuracy is compromised due to reliance on machine translation. This case study was chosen because it allows us to explore the role of Esperanto in fanfiction not just as a full storytelling medium, but as a decorative or narrative device. It also raises important questions about linguistic authenticity and accessibility in fanfiction. Should writers aim for perfect accuracy when incorporating foreign or constructed languages? Or is the creative function of language in fanfiction – its ability to evoke meaning, even if imperfectly – more important? By examining this fanfiction, we can better understand the ways in which Esperanto functions within fandom, not only as a means of storytelling but as part of a broader cultural and linguistic experiment.

In fanfiction, the use of non-English languages frequently serves a range of narrative and stylistic functions, from adding cultural specificity and deepening characterisation to enhancing world-building — often drawing on the distinct emotional resonance, tonal quality, or associative colour that a word may carry in one language but not in another (Mussies 2009). In the Danny Phantom fanfiction *Now You're Thinking With Portals! Wait, That's Knot Right*, the character Wulf – a werewolf-like ghost – is depicted as speaking Esperanto rather than English. This choice aligns with Wulf's canonical portrayal in the original series, where he communicates in an unidentified language, widely speculated by fans to be Esperanto. By adopting this linguistic distinction, the author both reinforces Wulf's narrative otherness and engages with an established fan theory about his identity. The Esperanto used in this story was generated using Google Translate, a detail acknowledged by the author in the story's metadata. While machine translation tools such as Google Translate and DeepL are increasingly valued for their accessibility and utility – especially in initial drafts – they often require revision to address idiomatic expressions, contextual meaning, and syntactic nuance (Garcia and Pena 2011; Toral and Way 2018). These limitations become more evident in literary contexts or when applied to constructed languages like Esperanto, where grammatical precision and idiomatic fluency are key to stylistic credibility. At the same time, it is important to acknowledge that most Esperanto users are non-native speakers, and as such, there is a widespread tolerance for variation and non-standard usage within the community. As both Corsetti (1996) and Fiedler (2012) show, the Esperanto-speaking world includes not only fluent second-language users but also a small number of native speakers – *denaskuloj* – whose linguistic input has shaped the language in diverse ways. This openness to variation may explain why even imperfect Esperanto, when used creatively in fanfiction, can still resonate with readers as authentic and meaningful.

The use of Esperanto in this fanfiction provides an instructive example of the limitations of machine translation when applied to constructed languages. One of the first instances of Esperanto in the story is the phrase *Eble bildoj estus pli bonaj*, which translates literally as 'Maybe pictures would be better'. While understandable, this construction is misleading in Esperanto. A better way to express the same idea would be *Eble estus pli bone uzi bildojn* 'Maybe it would be better to use pictures', which better reflects the expected word order and phrasing of the language. A more problematic example appears in *Kion vi volas? Mi ne finis vian ilon*, which translates literally as 'What do you want? I have not finished your tool'. The phrase *Mi ne finis vian ilon* is particularly awkward because *ilo* 'tool' does not seem to fit the intended meaning. This may be a mistranslation of a more complex phrase, possibly meant to express something like 'I have not finished what I was making for you'. A more fluent way to phrase this in Esperanto would be *Mi ne ankoraŭ finis tion, kion vi petis* 'I have not yet finished what you asked for', which preserves the likely intent while improving clarity. Another example of translation difficulty appears in *La afero ne estas damaĝi*, which seems to mean 'The thing is not to damage'. However, the phrase is also grammatically incorrect, as *damaĝi* 'to damage' is presented in its infinitive form without proper syntactic integration. A more natural way to phrase this idea would be *La celo ne estas kaŭzi damaĝon* 'The goal is not to cause damage', which better reflects Esperanto sentence structure. Interestingly, not all Esperanto phrases in the fanfiction feel completely unnatural to me. One of the more successful examples is *Nu, ĉi tio probable ne plibonigos lin, sed li certe ne faros ion dum kelka tempo* 'Well, this probably won't improve him, but he certainly won't do anything for a while'. While slightly awkward in phrasing, it remains largely grammatically sound. A minor refinement, such as *Nu, ĉi tio verŝajne ne plibonigos lin, sed certe li ne faros ion dum iom da tempo*, would make it feel slightly more idiomatic, but the meaning remains clear.

These linguistic issues reflect broader considerations surrounding machine-translated Esperanto. While it is true that Esperanto lacks the dataset richness of globally dominant natural languages, recent neural machine translation models have nonetheless been trained on high-quality Esperanto corpora – including translations of *Le Monde diplomatique* and *UNESCO Courier* – which have contributed to notable improvements in baseline translation quality. Still, automated tools often struggle with subtler aspects of language, particularly when context and idiomatic nuance are required. In the fanfiction examined here, for example, lexical mismatches such as the use of *ilo* 'tool') instead of a more semantically appropriate term, and syntactic awkwardness in phrases like *La afero ne estas damaĝi* 'The thing is not to damage', illustrate the limitations of machine-generated Esperanto when not followed by post-editing. These examples are not intended as criticisms of the author per se, but rather as indicators of how language technologies can shape and sometimes distort constructed language usage in creative writing. It is important to note that fanfiction operates within an experimental literary register. As discussed earlier in this article, fanfiction authors often embrace linguistic playfulness and stylistic deviation, unbound by conventional editorial standards. In this context, non-idiomatic or awkward phrasing may be understood not as failure, but as part of a broader ethos of creative linguistic exploration. Especially within the Esperanto community, where most users are non-native and variation is broadly accepted (Fiedler, 2012), such imperfections may contribute to the evolving texture of the language itself.

The presence of Esperanto in this fanfiction, even in a flawed form, is notable because it aligns with broader patterns of multilingualism in fandom. Many fanfiction writers engage with languages other than English, either to enhance world-building or to reflect diverse character backgrounds. The use of Esperanto in this story follows the tradition of multilingual storytelling in fanfiction, where non-English dialogue is often included to establish a character's cultural or linguistic identity. However, the reliance on imperfect translation tools raises questions about authenticity and the responsibilities of writers when using languages they do not speak fluently. In contrast to works like *Ruĝen: rakonto pri intima socialismo*, which is written entirely in Esperanto by a fluent speaker, this fanfiction uses Esperanto more as a decorative element – a way to highlight Wulf's 'otherness' rather than as a primary storytelling medium. This distinction underscores an important divide within Esperanto fanfiction: on one hand, works that are authentically produced by Esperanto-speaking authors, and on the other, stories that incorporate Esperanto as an aesthetic or characterisation device, often with varying degrees of accuracy.

In conclusion, *Now You're Thinking With Portals! Wait, That's Knot Right* illustrates both the creative potential and the linguistic challenges involved in incorporating Esperanto into fanfiction. While the use of Esperanto in this story is limited and occasionally flawed – primarily due to its reliance on machine translation – it nevertheless demonstrates how constructed languages can function as tools for world-building, characterisation, and stylistic experimentation within participatory fan cultures. In this particular case, Esperanto serves less as a communicative medium and more as a narrative device, reinforcing the character Wulf's identity as an outsider within the Danny Phantom universe.

This case study also invites broader reflection on what it means to describe Esperanto as a 'living language' in fanfiction. Although the Esperanto in this story may not reflect fluent or idiomatic usage, its presence – even in decorative or symbolic form – signals continued engagement with the language and its ideals. The Esperanto-speaking community is shaped by both native speakers and a diverse body of semi-fluent or symbolic users, many of whom participate in the language's maintenance through creative or ideologically motivated expressions. Its use in fanfiction contributes to Esperanto's ongoing cultural relevance, especially when situated within digital and fannish spaces where experimentation, appropriation, and recontextualisation are central practices.

Fanfiction offers a space where these varied forms of engagement can coexist. Some works use Esperanto as a primary linguistic medium, while others incorporate it more subtly – as a gesture towards universality, neutrality, or character distinctiveness. Both approaches sustain the visibility and symbolic function of Esperanto, reflecting its adaptability to new media and its resonance within global cultural production. In this sense, Esperanto in fanfiction performs a dual role: it is both a literary resource and a cultural artefact, shaped by and contributing to the participatory environments in which it appears.

7 Reflections

This study has sought to explore how Esperanto operates within the creative and linguistic ecology of fanfiction, particularly as both a narrative device and a symbolic resource. In doing so, it has raised several questions that lie at the intersection of fandom studies, language ideology, and digital cultural production. While the examples discussed – ranging from fully Esperanto-written fanfictions such as *Ruĝen* to fragmentary uses of the language in works like *Now You're Thinking With Portals! Wait, That's Knot Right* – demonstrate a modest but meaningful presence of Esperanto in fan-created content, the nature of that presence requires further qualification.

One of the core tensions that emerged in this inquiry concerns the claim that Esperanto in fanfiction constitutes evidence of its status as a 'living language'. While this may be true in a symbolic sense – reflecting ongoing cultural and ideological engagement – it would be problematic to equate such episodic, often decorative usage with sustained linguistic vitality as defined in sociolinguistic terms. As critics of this view might argue, a language's presence in fanfiction may reflect more about the nature of fanfiction itself –

its predisposition toward linguistic bricolage and semiotic experimentation – than about the health of the language being deployed. Moreover, this project has implicitly operated on the assumption that the use of Esperanto in fanfiction often carries ideological weight – whether utopian, egalitarian, or emancipatory. Yet, such assumptions warrant more empirical scrutiny. Are fan authors truly engaging with the political and historical dimensions of Esperanto, or is the language being used primarily as a world-building shortcut, or even as a form of aesthetic exoticism? Future research might benefit from reader reception studies, interviews with authors, or corpus-based analysis to discern the motivations and receptions of Esperanto use in fan contexts.

The methodology employed here also has its limitations. The analysis has relied predominantly on close reading of selected examples drawn from open-access platforms such as AO3 and Wattpad. These platforms, while influential, represent only a segment of global fanfiction production. More ethnographic or comparative research across different linguistic or regional fan communities – particularly those that operate outside Anglophone digital spaces – would deepen our understanding of how Esperanto functions transnationally and multilingually within fandoms. Finally, this investigation has largely treated Esperanto as a linguistic object, with occasional gestures toward its visual or symbolic properties. Yet there remains significant scope to theorise Esperanto not only as language but as cultural signifier – a form of linguistic cosplay, perhaps – especially in multimodal fanworks where written language operates less as code and more as visual artefact. Such a shift in perspective would open further avenues for examining how conlangs operate as aesthetic rather than communicative resources, aligning more closely with theories of translanguaging, performativity, and language-as-design.

8 Expanding the frame: alternative frameworks and comparative cases

While this article has largely approached Esperanto through the lens of conlangs and constructed linguistic systems, it is worth considering more radically alternative frameworks that could reposition our understanding of how the language functions within fanfiction. One such perspective would treat Esperanto not primarily as a communicative code but as a cultural signifier within what might be termed transmedial performance. Much like cosplay, in which fans wear costumes not to replicate historical accuracy but to embody affective or ideological alignment with a character or world, Esperanto can operate as a kind of linguistic costume. Its deployment in fanfiction may thus signal thematic associations – utopianism, estrangement, resistance – regardless of grammatical precision or linguistic fluency. Within this framework, concerns about syntactic correctness are arguably beside the point, as Esperanto functions more as a semiotic resource than a strict linguistic system.

Relatedly, the framework of translanguaging (García and Wei 2014) offers a compelling alternative to the binary distinction between natural and constructed languages. Rather than viewing Esperanto as a bounded linguistic entity, one might understand its appearance in fanfiction as part of a dynamic and hybrid linguistic repertoire. In this sense, Esperanto becomes one of many tools – alongside English, fandom-specific jargon, emojis, and visual coding – used by fan authors to create meaning, perform identity, and delineate narrative boundaries. This approach would further support an understanding of Esperanto as a flexible, performative element within a multimodal fan ecology.

These perspectives are reinforced when we consider comparative examples. Klingon, a conlang with intentionally complex and alien syntactic features, appears far more frequently on AO3 than Esperanto, despite its more limited real-world speech community.[5] This suggests that how a language fits into a given narrative world – its symbolic resonance and expressive potential – may be more important than whether it is widely spoken or used fluently. Similarly, Arabic and Russian are often used in espionage fanfiction (such as in *James Bond* universes, e.g. Flea 2007) to evoke secrecy or cultural specificity, whereas Esperanto's constructed neutrality may lack the ethnolinguistic charge that such genres typically demand. In LGBTQ+ fanfiction, fictional sign languages or minimalist conlangs like Toki Pona are sometimes preferred for their associations with resistance, marginality, or otherness – aligning with queer and neurodivergent identity politics in ways that diverge from Esperanto's historical mainstream. These counter-examples demonstrate that Esperanto's presence in fanfiction must be understood not in isolation but in conversation with a wider array of linguistic practices and symbolic languages, each embedded in distinct affective, ideological, and narrative economies.

---

5   Unlike Esperanto, which was designed to maximise accessibility and ease of acquisition, Klingon was developed by linguist Marc Okrand to reflect the harsh, martial aesthetics of the fictional Klingon culture. Its syntax deliberately violates common typological patterns (e.g. object-verb-subject word order), which adds to its distinctiveness within fictional contexts.

9 Conclusions

This article has demonstrated that Esperanto, while rarely central in mainstream fanfiction, plays a versatile and often ideologically inflected role within certain fannish spaces. Whether used to signal character otherness, evoke utopian futures, or mark alignment with leftist traditions, its presence reveals the ways in which constructed languages continue to animate speculative storytelling. At the same time, the analysis suggests that the boundaries between communication, decoration, and ideology in fan language use are porous and unstable – making Esperanto in fanfiction a particularly rich object of study for those interested in the semiotic politics of language choice.

The key insight to emerge from this research is not that Esperanto is flourishing as a spoken or written vernacular within fanfiction communities, but rather that its symbolic affordances remain alive in participatory culture. Even when mediated through imperfect tools such as Google Translate, Esperanto retains a capacity to signify openness, neutrality, resistance, or estrangement – depending on narrative context. This flexibility is arguably what secures its continued relevance, not as a rival to English or naturalistic conlangs, but as a mutable cultural form shaped by those who choose to appropriate and recontextualise it.

Ultimately, the case of Esperanto in fanfiction invites us to reconsider what it means for a language to live – not merely in terms of fluent usage or demographic breadth, but as a dynamic and evolving presence within digital culture. It challenges us to think not only about linguistic survival, but about symbolic afterlives. As such, it provides fertile ground for interdisciplinary inquiry at the intersection of linguistics, media studies, fandom, and cultural semiotics. The present study is but an initial foray into this terrain, and a call to take up the challenge to map it further.

Platforms

Archive of Our Own. (n.d.). https://archiveofourown.org
FanFiction.net. (n.d.). https://www.fanfiction.net
Wattpad. (n.d.). https://www.wattpad.com

Primary sources

Asimov, Isaac. 1940. "Homo Sol." *Astounding Science Fiction* vol. 26, issue 1 (September): 43–59.
Collins, Suzanne. 2008. *The Hunger Games*. New York: Scholastic Press.

Farmer, Philip José. 1971–1983. *Riverworld* series. New York: G. P. Putnam's Sons.

Flea. 2007. *Honor Among Spies*. FanFiction. https://www.fanfiction.net/s/3431826/1/Honor-Among-Spies

Galaxiulo. 2024. *Universal Understandings,* republished at http://martinemussies.nl/web/universal-understandings/

Harrison, Harry. 1957. "The Stainless Steel Rat." *Astounding Science Fiction* 59, issue 6 (August): 9–40.

Lifewonders. 2016. *Tokyo Afterschool Summoners* (Version 1.0) [Mobile app]. App Store. https://apps.apple.com/app/id1165189145

Matenruĝulo. 2021. *Ruĝen: rakonto pri intima socialismo*. Archive of Our Own. https://archive.transformativeworks.org/works/33927097

Mussies, Martine. 2024c. *La Kanto de Tamar*. Musings. http://martinemussies.nl/web/la-kanto-de-tamar/

Mussies, Martine. 2024d. *La Rekompenco de Tamar*. Musings. http://martinemussies.nl/web/la-rekompenco-de-tamar/

Nytewing. 2019. *Error 404: Translation Unavailable*. FanFiction. https://www.fanfiction.net/s/13345082/1/Error-404-Translation-Unavailable

OliviaR5Warbler. 2019. *Finding You on Amorié Beta III*. FanFiction. https://www.fanfiction.net/s/13375983/1/Finding-You-on-Amori%C3%A9-Beta-III

Orwell, George. 1949. *1984*. London: Secker & Warburg.

Trashlations (D4tD). 2020. *La Glaciarium*. Archive of Our Own. https://archiveofourown.org/works/24036406

Vampyra142001. 2021. *Now You're Thinking With Portals! Wait, That's Knot Right*. Archive of Our Own. https://archive.transformativeworks.org/works/29421171

Wells, Herbert George. 1908. *The War in the Air*. Londen: George Bell & Sons.

References

Barnes, Leslie, and Cornelia van Heerden. 2006. "Virtual Languages in Science Fiction and Fantasy Literature." *Language Matters* 37, issue 1: 102–117.

Barnes, Myra E. 1975. *Linguistics and Languages in Science Fiction-Fantasy*. New York: Arno Press.

Bruin, Tom de. 2024. *Fan Fiction and Early Christian Writings: Apocrypha, Pseudepigrapha and Canon*. London: Bloomsbury Publishing.

Carter, Steven R. 1980. "Harry Harrison's *The Adventures of the Stainless Steel Rat*: A Study in Multiple Interfaces." *Extrapolation* 21, issue 2: 139–145.

Corsetti, Renato. 1996. "A mother tongue spoken mainly by fathers." *Language Problems and Language Planning* 20, issue 3: 263–273. https://doi.org/10.1075/lplp.20.3.04cor

"Esperanto in a victorious CP world." 2017. alternatehistory.com. https://www.alternatehistory.com/forum/threads/esperanto-in-a-victorious-cp-world.410629/

Farley, Shannon K. 2017. Translation, rewriting, and fan fiction: A literary history of transformative work. Doctoral dissertation. Amherst, MA: University of Massachusetts Amherst.

Fians, Guilherme. 2021. *Esperanto revolutionaries and geeks: Language politics, digital media and the making of an international community*. Cham: Palgrave Macmillan.

Fiedler, Sabine. 2012. "The Esperanto *denaskulo*: The status of the native speaker of Esperanto within and beyond the planned language community." *Language Problems and Language Planning* 36, issue 1: 69–84. https://doi.org/10.1075/lplp.36.1.04fie

Gaiman, Neil, and Terry Pratchett. 1990. *Good Omens: The Nice and Accurate Prophecies of Agnes Nutter, Witch*. London: Gollancz.

Gaiman, Neil (writer), and Douglas Mackinnon (director). 2019. *Good Omens* [TV series]. London/Edinburgh: BBC Studios; Narrativia; The Blank Corporation; Amazon Studios.

Garcia, Ignacio, and María Isabel Hernández Pena. 2011. "Machine translation-assisted language learning: Writing for beginners." *Computer Assisted Language Learning* 24, issue 5: 471–487. https://doi.org/10.1080/09588221.2011.582687

García, Ofelia, and Li Wei. 2014. *Translanguaging: Language, Bilingualism, and Education*. New York, NY: Palgrave MacMillan. https://doi.org/10.1057/9781137385765

Jenkins, Henry. 1992. *Textual Poachers: Television Fans and Participatory Culture*. New York: Routledge.

Jenkins, Henry. 2008. *Convergence Culture: Where Old and New Media Collide*. New York: NYU Press.

Le Guin, Ursula K. 1968. *A Wizard of Earthsea*. Berkeley, CA: Parnassus Press.

Meluzzi, Chiara. 2019. "Real communities for invented languages. Dothraki and Klingon on the Web." *American Language Journal* 3, issue 2: 16–29.

Mussies, Martine. 2009. Лолита и Синестезия: сравнительный анализ английского и русского переводов [Lolita and Synesthesia: A Comparative Analysis of the English and Russian Translations]. Master's thesis. Sankt Peterburg: St Petersburg University.

Mussies, Martine. 2022a. "Posidaeja and Mami Wata: The online afterlives of two mermaid goddesses." *Shima* 16, issue 2: 186–196. https://doi.org/10.21463/shima.175

Mussies, Martine. 2022b. "Pedig edhellen?" *Lembas (Journal of the Dutch Tolkien Society)* issue 200: 40–45.

Mussies, Martine. 2023. "The multilingual tapestry of King Alfred fanfiction." *Langues de l'Angleterre médiévale / Languages of Medieval England*, edited by Élise Louviot, special issue of *Études Médiévales Anglaises* issue 102: 109–156.

Mussies, Martine. 2023b. *Feminist Hacking/Making: Empowering Changes in Digital Media Fandoms.* Raffia – Radboud Gender & Diversity Studies. https://raffia-magazine.com

Mussies, Martine. 2023c. "'ᛏ is Beith and means birch' – An exploration of Ogham in online fanfiction featuring King Alfred the Great." *Studia Celtica Posnaniensia* 8: 26–54.

Mussies, Martine. 2024a. "Zombie mermaids: 'The Lake of Mystery' (Tooba 2023)." In *Zombie Futures in Literature, Media and Culture: Pandemics, Society and the Evolution of the Undead in the 21st Century*, edited by Simon Bacon, 157–165. London: Bloomsbury Collections. http://dx.doi.org/10.5040/9781350285521.ch-11

Mussies, Martine. 2024b. "The King and I. Representations of BDSM in Fanfiction about King Alfred." In *What is Medieval? Decoding Approaches to the Medieval and Medievalism in the 21st Century*, edited by Claire Kennan and Emma J. Wells, 213–234. Turnhout: Brepols. https://doi.org/10.1484/M.NEO-EB.5.136271

Okrent, Arika. 2009. *In the Land of Invented Languages: Esperanto Rock Stars, Klingon Poets, Loglan Lovers, and the Mad Dreamers Who Tried to Build a Perfect Language.* New York: Spiegel & Grau.

Peacey, Brianna. 2020. You're the only one who knows my true identity: how fandoms create new identities for constructed language learners. Master's thesis. Vancouver: University of British Columbia. https://open.library.ubc.ca/media/download/pdf/24/1.0394130/3

Peterson, David J. 2015. *The Art of Language Invention: From Horse-Lords to Dark Elves, the Words Behind World-Building.* New York: Penguin.

Search results for query: *esperanto*. 2025. alternatehistory.com. https://www.alternatehistory.com/forum/search/18917708/?q=esperanto&o=date

Sherborne, M. 2014. "Educating Heinrich: HG Wells and the Germans." *The Wellsian: The Journal of the HG Wells Society* 37: 31–37.

Smith, Arden R. 2022. "Invented Languages and Writing Systems." In *A Companion to J. R. R. Tolkien*, edited by Stuart D. Lee, 1st edn, 177–187. Hoboken, NJ: Wiley.

Stanley, Elizabeth. 2003. Tongues of Malevolence: A Linguistic Analysis of Constructed Languages in Fantasy Literature. Bachelor's thesis. Athens: University of Georgia. https://doi.org/10.13140/RG.2.2.24534.42561

Stockwell, Peter. 2006. "Invented Language in Literature." In *Encyclopedia of Language & Linguistics*, edited by K. Brown, 2nd edn, vol. 6: 3–10. Oxford: Elsevier.

Thibault, Mattia. 2020. "Tlhlngan maH! (We Are Klingon): Conlang, Play and Fandom in a Ludicising World." In *Languagescapes: Ancient and Artificial Languages in Today's Culture*, edited by Vincenzo Idone Cassone, Jenny Ponzo, and Mattia Thibault, 99–111. Rome: Aracne.

Thomas, Angela. 2007. "Blurring and Breaking Through the Boundaries of Narrative, Literacy, and Identity in Adolescent Fan Fiction." In *A New Literacies Sampler*, edited by Colin Lankshear and Michele Knobel, 137–166. New York: Peter Lang.

Toral, Antonio, and Andy Way. 2018. "What Level of Quality Can Neural Machine Translation Attain on Literary Text?" In *Translation Quality Assessment: From Principles to Practice*, edited by Joss Moorkens, Sheila Castilho, Federico Gaspari, and Stephen Doherty, 263–287. Cham: Springer International Publishing.
https://doi.org/10.1007/978-3-319-91241-7_12

Using Esperanto in Fiction. 2008. Reddit.
https://www.reddit.com/r/Esperanto/comments/71t8t6/using_esperanto_in_fiction/

About the author

Martine Mussies is an autistic academic and artistic researcher based in Utrecht, the Netherlands. She recently published her first monograph, *Inside the Autside – a Misfit Manifesto*. Martine is a PhD candidate at Maastricht University, and also a musician, visual artist, avid language learner, and budo practitioner.

E-mail: martinemussies@gmail.com
Website: http://www.martinemussies.nl
ORCID number: 0000-0002-0891-8217

Pri la aŭtoro

Martine Mussies estas aŭtisma sciencisto kaj arta esploristo loĝanta en Utreĥto, Nederlando. Ŝi lastatempe publikigis sian unuan monografion, *Inside the Autside – a Misfit Manifesto*. Martine estas doktoriĝa kandidato ĉe la Universitato de Maastricht, kaj ankaŭ muzikisto, bildartisto, fervora lingvolernanto kaj budo-praktikanto.

Over de auteur

Martine Mussies is een autistische academica en artistiek onderzoeker uit Utrecht, Nederland. Onlangs publiceerde ze haar eerste monografie, *Inside the Autside – a Misfit Manifesto*. Martine is promovenda aan de Universiteit Maastricht en daarnaast ook musicus, beeldend kunstenaar, enthousiaste taalleerder en budoka.

Fikcio de fanoj en Esperanto – Esperanto en fikcio de fanoj

Resumo: La rolo de Esperanto en fikcio de fanoj donas konvinkan ekzemplon pri la manieroj, per kiuj konstruitaj lingvoj funkcias ene de la cifereca partoprena kulturo. Ĉi tiu artikolo ekzamenas la rimedojn, per kiuj Esperanto aperas en rakontoj kreitaj de fanoj, kaj kiel rakonta ilo kaj kiel rimedo por lingva eksperimentado. Ĝi ankaŭ esploras kiumaniere Esperanto uziĝas kiel estonteca komuna lingvo en sciencfikcio, kiel sekreta aŭ rezista lingvo en distopiaj scenaroj, kaj kiel ponto inter diversaj kulturoj kaj roluloj. Aldone, ĝi konsideras la fenomenon de fanfikcio tute verkita en Esperanto, elstarigante ĝian uzon en tradukprojektoj kaj originaj rakontoj. Per analizo de ekzemploj, inkluzive de *Ruĝen: rakonto pri intima socialismo* kaj *Now You're Thinking With Portals! Wait, That's Knot Right*, la artikolo esploras la defiojn de lingva aŭtenteco, precipe kiam Esperanto estas uzata pere de maŝintradukado. Plue, ĝi ekzamenas la vastiĝon de esperantista fan-kreado preter teksta rakontado, kiel montras *La Kanto de Tamar*, fankreita kanto (fare de la aŭtoro de ĉi tiu artikolo), kiu kunfandas sciencfikcion kaj historian legendon. Ĉi tiu studo finfine montras, ke la ĉeesto de Esperanto en fanfikcio transpasas simplan lingvan ludon; ĝi funkcias kiel dinamika ilo por mondkonstruado, identeca esplorado kaj alternativa rakontado en la nuntempa fankulturo.

Ŝlosilvortoj: Esperanto; Fanfikcio; Konstruitaj lingvoj; Lingva eksperimentado; Partoprena kulturo; Sciencfikcio

Fanfictie in het Esperanto – Esperanto in fanfictie

Samenvatting: De rol van Esperanto in fanfiction biedt een fascinerende casestudy over hoe geconstrueerde talen functioneren in de digitale participatiecultuur. Dit artikel onderzoekt de rol van Esperanto als narratief middel en als taalkundig experiment in door fans geschreven verhalen. Het beschrijft het gebruik van Esperanto als een toekomstige lingua franca in sciencefiction, als geheime of verzetstaal in dystopische settings, en als een brug tussen verschillende culturen en personages. Daarnaast wordt fanfiction die volledig in Esperanto is geschreven geanalyseerd, met aandacht voor zowel vertaalprojecten als originele verhalen. Aan de hand van voorbeelden zoals *Ruĝen: rakonto pri intima socialismo* en *Now You're Thinking With Portals! Wait, That's Knot Right* worden de valkuilen rond taalkundige authenticiteit besproken, vooral wanneer Esperanto wordt geïntegreerd via machinevertaling. Verder wordt de uitbreiding van Esperanto-creativiteit buiten het tekstuele verkend, zoals in *La Kanto de Tamar*, een fan-gecomponeerd lied (door de auteur van dit artikel), dat sciencefiction met historische legenden verweeft. Dit artikel toont aan dat Esperanto in fanfiction verder gaat dan enkel taalkundig spel; het fungeert als een dynamisch hulpmiddel voor wereldbouw, identiteitsverkenning en alternatieve vormen van storytelling binnen hedendaagse fancultuur.

Trefwoorden: Esperanto; Fanfiction; Geconstrueerde talen; Participatiecultuur; Sciencefiction; Taalkundig experiment

GONG Xiaofeng
Universitato Nanchang, Ĉinio

Apliko de Universalaj Trajtoj de Tradukado en la esperantigita ĉina klasika romano *Ruĝdoma Sonĝo*

Resumo: *Hong Lou Meng* 'Ruĝdoma Sonĝo' estas unu el la kvar famaj klasikaj romanoj en Ĉinio. De ĝi aperis ĝis nun tradukaĵoj en 22 fremdlingvoj, inter ili ankaŭ troviĝas esperanta versio tradukita de s-ro Xie Yuming. La romano estas bona esplorcela materialo por tradukarto. Pro diferencoj en kulturo kaj kognaj temoj, malkongruoj inter la originala teksto kaj la tradukita teksto estas neeviteblaj dum la integra proceso de tradukado. Laŭ hipotezo de Mona Baker (1992), tradukitaj tekstoj ankaŭ havas apartan "tradukan stilon", kiun oni povas karakterizi per kvar Universalaj Trajtoj de Tradukado, nome: simpligo, eksplicitigo, normigo kaj interfero. Surbaze de tiu teorio, ĉi tiu studo prezentas analizon pri la plej ofte cititaj Universalaj Trajtoj en la esperanta versio de *Ruĝdoma Sonĝo*, kompare kun du konataj tradukoj en la angla lingvo (Cao Xueqin, trad. Hawkes kaj Minford 1973; Cao Xueqin, trad. Yang kaj Yang 1978). La rezultoj montras, ke la hipotezo de Universalaj Trajtoj de Tradukado estas valida aŭ parte valida en la tri tradukaĵoj.

Ŝlosilvortoj: Universalaj Trajtoj de Tradukado; simpligo; eksplicitigo; normigo; interfero; *Ruĝdoma Sonĝo*

1 Enkonduko

Ruĝdoma Sonĝo (*Hong Lou Meng*, 红楼梦), ankaŭ nomata *la Rakonto de la ŝtono* (石头记), verkita de Cao Xueqin meze de la 18-a jarcento, estas unu el la majstroverkoj de ĉina literaturo, nome unu el la Kvar Grandaj Klasikaj Romanoj de Ĉinio[1]. Ĝi estas ĝenerale konsiderata kiel la pinto de ĉina fikcio kaj honorita kiel "Enciklopedio de la feŭda socio de Ĉinio". La romano ne nur heredas la tradician popularan lingvon, sed ankaŭ uzas parolan lingvon, popoldirojn, idiomojn, proverbojn, dialektojn kaj klasikan literaturan lingvon, kiuj estas malfacile tradukeblaj en fremdlingvojn. Samtempe la romano estas bona esplorcela materialo por tradukarto. Tial

---
1 La aliaj tri estas: Ĉe akvorando, Romano pri tri regnoj kaj Pilgrimado al la Okcidento, esperantigitaj de Laŭlum (Li Shijun) (Kvar famaj klasikaj romanoj 2022).

multaj tradukistoj dediĉis sin al tradukado kaj studado de ĝi ekde ties eldono en la 18-a jarcento.

Ĝis nun aperis tradukaĵoj en 22 fremdlingvoj kaj 8 etnaj naciminoritataj lingvoj, inter ili ankaŭ troviĝas esperanta versio de Xie Yuming eldonita de Ĉina Esperanto-Eldonejo en Pekino en la jaroj 1995-1997. La romano *Ruĝdoma Sonĝo* en esperanta traduko havas 1893 paĝojn en tri volumoj, konsistanta el 120 ĉapitroj (Cao Xueqin/Xie Yuming 1995-1997). Pro la majstra traduko, Xie estas premiita per OSIEK-premio (Organiza Societo de Internaciaj Esperanto-Konferencoj, OSIEK) en 1999.

Korpuso (aŭ tekstaro) estas aro da tekstoj aŭ transskribitaj konversacioj/paroloj, kiun oni uzas kiel tuton por studo. Kun la evoluo de elektronika informa teknologio, korpusa esplorado, kiu aperis nur en la 1990-aj jaroj, rapide disvolviĝis en la lastaj jaroj kaj fariĝis pli kaj pli grava metodo por tradukarto. Helpe de la korpuso, fakuloj serĉis kaj provis malkovri regulecojn en vastaj produktoj, kiuj kunhavas komunajn procezojn kaj metodojn en tradukprocezado. La vasta uzo de korpusoj en tradukesplorado ne nur ebligis la evoluon de novaj teorioj, kiel la Universalaj Trajtoj de Tradukado, sed ankaŭ montris, ke eĉ unuopa traduko povas funkcii kiel 'korpuseto' por analizi tiujn fenomenojn.

El ĉiuj studoj pri Universalaj Trajtoj de Tradukado, la hipotezoj de Mona Baker estas la plej famaj. Laŭ Baker, Universalaĵoj estas lingvaj trajtoj kiuj tipe okazas en tradukitaj prefere ol originalaj tekstoj kaj supozeble estas sendependaj de la influo de la specifaj lingvoparoj implicitaj en la procezo de tradukado (Baker 1993, 243). Post pli ol jardekaj studoj, la hipotezoj pri la Universalaj Trajtoj de Tradukado de Baker estas konkluditaj kiel simpligo, eksplicitigo, normigo kaj leĝo de interfero.

Spertuloj kombinis korpusojn por entrepreni multajn studojn por kontroli la hipotezojn. Granda nombro da korpus-bazitaj tradukstudoj konfirmis la tradukajn universalaĵojn proponitaj de Baker (Laviosa 2002, 60-62; Bernardini 2004; Becher 2010; Xiao 2010, 8; LI Bingru 2022). Kaj la postaj esploroj ĉefe koncentriĝis sur tri aspektoj, t.e. simpligo (Laviosa 1998; Olohan kaj Baker 2000), eksplicitigo (Øverås 1998; Pym 2005) kaj normigo (Toury 1995; Kenny 2001; Mauranen 2007), kaj kun malpli da esplorado pri interfero (Laviosa 1998). Ankaŭ ne mankas esploroj pri Universalaj Trajtoj de Traduko en la anglaj versioj de *Ruĝdoma Sonĝo* (ZHU Chaowei 2016). Sed ĝis nun oni ankoraŭ ne faris esploradon kaj komparadon inter la ĉina, esperanta kaj la anglaj versioj de *Ruĝdoma Sonĝo*.

Ĉi tiu artikolo celas fari sisteman kaj teorian studon de la Universalaj Trajtoj de Tradukado aplikitaj en la esperanta versio, observi kiel la trajtoj estas reflektitaj en la tradukaĵoj, kaj enketi kiajn efikojn ili havas sur la kvaliton de la tradukaĵoj, komparante kun la du anglaj versioj.

2 Universalaj Trajtoj de Tradukado en la esperanta versio

Estas grandaj diferencoj inter la fona kulturo kaj lingvostrukturo de la cellingvo kaj la fontlingvo. Kun la progreso de la korpusa esplorado, homoj malkovris per kompara esplorado, ke ekzistas kelkaj Universalaj Trajtoj de Tradukado, kaj la malkovro de tiuj komunaj trajtoj plibonigis la kvaliton de la traduko.

Universalaj Trajtoj de Tradukado havas grandan signifon en tio, ke ni povas esplori la naturon de traduko, kompreni la interagadon dum lingvaj interŝanĝoj, kaj studi la kreopovon de la cellingvo, esprimante lingvajn kaj kulturajn mankojn.

2.1 Simpligo

Simpligo, kiel difinas Baker, estas "the tendency to simplify the language used in translation" 'la tendenco simpligi la lingvon uzatan en tradukado' (Baker 1996, 181–182). Tio signifas, ke traduk-teksto supozeble estas pli simpla ol la fonto-teksto en vortfarado, sintakso kaj/aŭ stilo. Tri specoj de simpligo estis identigitaj en tradukita teksto: leksika, sintaksa kaj stila (ekzemplojn oni prezentos sube).

La simpliga tendenco de tradukitaj tekstoj manifestiĝas ĉefe en la anstataŭigo de hiponimoj per hiperonimoj (Baker 1996, 176), kaj anstataŭigo de maloftaj vortoj en la fontlingvo per oftaj vortoj. Tial simpleco reflektiĝas en la longeco de frazoj, elekto de vortprovizo ktp.

Oni povas vidi en la sekvaj ekzemploj, ke la trudukinto ankaŭ uzis sintaksajn rimedojn por simpligi la fraztradukojn.

2.1.1 Anstataŭigo de frazoj per substantivaj vortgrupoj

Ĉine	如今**太爷**也没了，<u>只有老奶奶带着一个亲生的姑娘过活，也并没有哥儿兄弟</u>，可惜他竟一门尽绝了. Rújīn tàiyé yě méiliǎo, <u>zhǐyǒu lǎonǎinai dàizhe yīgè qīnshēng de gūniáng guòhuó, yě bìng méiyǒu gē er xiōngdì,</u> kěxí tā jìng yī mén jǐn juéle.
Interlinia traduko	Nun la sinjoro jam mortis, <u>Nur la maljunulino vivas kun sia biologia filino, kiu ne havas fratojn,</u> Kia domaĝe, ke lia familio estingiĝas.
Esperante	La maljuna Xia jam mortis. **<u>Nur senfila vidvino kun filino</u>**. Tia familio venas al fino! (Ĉapitro 79) (Xie Yuming)

Ĉi tie, la originala signifo de la frazo substrekita estas 'Nur la maljunulino vivas kun sia biologia filino, kiu ne havas fratojn', tre longa frazo, la tradukinto uzis tre simpligitan rimedon: *Nur senfila vidvino kun filino*. Koncize kaj fidele.

Krome, la tradukinto ankaŭ uzas eksplicitan metodon (klarigitan sube), ĉar li aldonis la familian nomon *Xia* por ekspliciti kiu mortis.

2.1.2 Sensubjektaj aŭ nekompletaj frazkomponentoj

Ankoraŭ troviĝas en la tradukita teksto multaj esprimoj kun neniuj subjektoj aŭ nekompletaj frazkomponentoj, kiel "Ja malfacile administri tiel grandan domon":

Ĉine	刘姥姥因说:"这凤姑娘今年大还不过二十岁罢了,就这等有本事,当这样的家,可是难得的。" Liú lǎolao yīn shuō:"Zhè fèng gūniáng jīnnián dà hái bùguò èrshí suì bàle, jiù zhè děng yǒu běnshì, dāng zhèyàng de jiā, kěshì nándé de.
Interlinia traduko	Anjo Liu diris,"Ĉi tiu knabino Feniksa ĉi-jare havas nur dudek jarojn, sed jam tiel kapabla, mastrumi tian domon estas malofte."
Esperante	"*Feniksa, malpli ol dudekjara, estas jam tiel kapabla,*" rimarkis Anjo Liu. "*<u>Ja malfacile administri tiel grandan domon.</u>*" (Ĉapitro 6) (Xie Yuming)

La tradukita romano abundas je tiaj ekzemploj, kiaj "La leteron ĝuste al li" (Ĉapitro 3), "Kial plage li?" (Ĉapitro 52), "La kapo dolora, nazo obstrukcita kaj voĉo raŭka." (Ĉapitro 52) (Xie Yuming).

2.1.3 Koncizaj dialogoj

La tradukinto uzas tre koncizajn dialogojn. En ĉapitro 2, *Jia Yucun* eliras kaj direktas sin al vilaĝa drinkejo por eksciti la sensojn; tie renkontas metropolan antikvaĵiston *Leng Zixing*, jen la dialogoj inter ili:

"**<u>Kiam ĉi tien, frato?</u>**" ridete demandis Jia Yucun. "**<u>Ekster mia atendo! Vere, hazardo vin revidi.</u>**" (Ĉapitro 2)

En la substrekitaj partoj mankas subjektoj, tamen kun klaraj signifoj. Tiaj frazoj spicas la tutan scenon kaj psikajn agojn de la rolanto.

2.1.4 Esprimi rime

Ĉine	子兴道:"依你说,'**成则王侯败则贼了**'。 "Zī xìng dào:"Yī nǐ shuō,'chéng zé wánghóu bài zé zéile'."
Interlinia traduko	Zixing diris: "Laŭ viaj vortoj, se li sukcesus, li fariĝu la reĝo, se li malsukcesus, li estus ŝtelisto."
Esperante	"*Laŭ vi '**Venkinto — reĝo, venkito — feĉo**', ĉu ne?"* (Ĉapitro 2)

En tiu ĉi frazo la idiomaĵo "成则王侯败则贼" (Chéng zé wánghóu bài zé zéi), rilatas al du partioj konkurantaj por superregado: Tiu, kiu sukcesas, estas nomata imperiestro, kaj tiu, kiu malsukcesas, bandito. "Imperiestro" kaj "bandito" estas juĝitaj nur surbaze de sukceso aŭ malsukceso. Ankaŭ konata kiel "La venkanto estas la reĝo, la perdanto, la ŝtelisto". En la romano *Ruĝdoma Sonĝo*, la tradukinto nur uzas kvar vortojn por esprimi ĝin, "*Venkinto — reĝo, venkito — feĉo*", tre koncize, perfekte, eĉ kun (preskaŭ-) rimo. Krome, la tradukinto aldonas "ĉu ne?", kiu tuj transdonis la tonon de la origina frazo. Pliaj rimaj esprimoj troviĝas en la romano:

'Domo nobela — maro malhela'. (Ĉapitro 6)

Por kio veni, se neniom preni? (Ĉapitro 6)

buŝa promeso, tuja forgeso. (Ĉapitro 12)

Ĉe falo de la arbo, simioj je malvarbo. (Ĉapitro 12)

Alia loko, alia moro' (Ĉapitro 41)

Lok' favora — hom' valora. (Ĉapitro 48)

Lavange la malsano venas, kurac' ĝin lante malbobenas. (Ĉapitro 52)

Eĉ objekto forte sonas, se maljuston al ĝi donas. (Ĉapitro 58)

...

2.2 Eksplicitigo

Baker difinis, ke "Explicitation is the tendency in translation to 'spell things out rather than leave them implicit'" 'Ekspliko estas la tendenco en traduko "literumi aferojn prefere ol lasi ilin implicitaj"' (Baker 1996, 180). En sia korpuso de romanoj tradukitaj de la nederlanda en la anglan, Vanderauwera (1985) montris multnombrajn okazojn, kie la tradukintoj aplikas eksplicitajn teknikojn, ekzemple, la uzoj de interjekcioj por esprimi pli klare la progresadon de la pensoj de la roluloj aŭ por akcenti difinitan interpreton, plivastigon de densigitaj fragmentoj, aldonon de modifiloj, kvalifikiĝoj kaj konjunkcioj por atingi pli grandan travideblecon, aldonon de kromaj informoj, enmeton de klarigoj, ripeton de antaŭmenciitaj detaloj por klareco, precizajn interpretojn de implicaj aŭ neklaraj datumoj, disponigon de pli precizaj priskriboj, eksplicitan nomadon de geografiaj lokoj kaj la malambiguigon de pronomoj kun precizaj formoj de identigo. Baker (1992) ankaŭ raportis plurajn ekzemplojn, en kiuj la tradukistoj enmetis pliajn fon-informojn en la celtekston por transponti kulturajn diferencojn. Tio estas ebla kaŭzo de pli longa traduka teksto. Rilate koherecon oni atendus ankaŭ pli da nominalaj frazoj ol personaj pronomoj en tradukoj (YANG Chongchong 2013).

Eksplicitigo ofte estas menciata kune kun la aliaj trajtoj de tradukitaj tekstoj, ekz. kune kun implicigo, kune kun aldono- kaj preterlaso-strategioj.

2.2.1 Aldono de kunligantaj vortoj

La evidenta trajto de la eksplicita fenomeno estas plimultigo de la funkciovortoj. Eksplicitigo estas facile rimarkebla precipe en ĉina-esperantaj tradukoj de la markiloj de kohereco. Esperanto havas elstaran hipotakson kaj riĉajn markitajn subjunkciojn. Sed la ĉina havas fortan paratakson kaj malofte uzas koherajn markilojn. En la procezo de ĉina-esperanta tradukado, influita de la eksplicita strategio, la logika rilato inter la subfrazoj estas ĝenerale esprimita eksplicite aldonante koher-signojn.

Jen kelkaj ekzemploj en Ĉapitro 4, por bone kompari, la anglaj tradukoj ankaŭ estas cititaj el la plej fama angla versio (Cao Xueqin, trad. Yang kaj Yang 1978).

Apliko de Universalaj Trajtoj de Tradukado en la esperantigita ĉina klasika romano *Ruĝdoma Sonĝo*

Ĉine	我家小主人原说，第三日方是好日，再接入门。 Wǒjiā xiǎo zhǔrén yuán shuō, dì sān rì fāng shì hǎo rì, zài jiē rùmén.
Angle (Yang kaj Yang)	Our master said he'd take her home three days later **because** that would be a lucky day.
Esperante (Xie Yuming)	**Tamen** mia mastro diris, ke li prenos la knabinon en la tria tago, **ĉar** ĝi estas bonaŭgura.

Ĉine	老爷明日坐堂，只管虚张声势，动文书，发签拿人。 Lǎoyé míngrì zuòtáng, zhǐguǎn xūzhāngshēngshì, dòng wénshū, fā qiān ná rén.
Angle (Yang kaj Yang)	**When** Your Honour tries the case tomorrow, make a great show of sending out writs **and** issuing warrants.
Esperante (Xie Yuming)	Morgaŭ Via Moŝto faru la grandan scenon disdoni skriban ordonon **kaj** sendi homojn por kapti la krimulon.

Ĉine	咱们且忙忙的收拾房子，岂不使人见怪？ Zánmen qiě máng mang de shōushí fángzǐ, qǐ bù shǐ rén jiànguài?
Angle (Yang kaj Yang)	It will appear very strange to them **if** we're in such a rush to open up one of our houses.
Esperante (Xie Yuming)	**Ĉu** oni ne sentus strangecon pri nia hasta aranĝo de la propraj domoj?

Ĉine	请姨太太就在这里住下，大家亲密些。 Qǐng yítàitai jiù zài zhèlǐ zhù xià, dàjiā qīnmì xiē.
Angle (Yang kaj Yang)	Do invite your sister to stay here, **so that** we can all be close together.
Esperante (Xie Yuming)	Via fratino restu ĉi tie, **tiel do** pli intime!

Ĉine	小人告了一年的状，竟无人作主。 Xiǎo rén gàole yī nián de zhuàng, jìng wú rén zuò zhǔ.
Angle (Yang kaj Yang)	I lodged a charge a year ago, **but** nothing came of it.
Esperante (Xie Yuming)	De unu jaro mi akuzas, **sed** vane!

En tiuj ĉi ekzemploj, la logikaj rilatoj estas implicite esprimitaj en la origina verko. Tamen, kiam ili estas tradukitaj en la cellingvon, interligaj signoj estas aldonitaj por legebleco. Ĉi tio ŝajnas esti plia pruvo pri inter-lingva eksplicitigo en traduko, kiel Huang Libo indikis, "ekzistas du specoj de ekspliciteco, inter-lingva ekspliciteco kaj komparebla ekspliciteco" (HUANG Libo 2007, 13).

Per korpusoj, oni trovis, ke ĉi tiuj eksplicitaj trajtoj estas plejparte reflektitaj en konjunkcioj kiuj esprimas logikajn rilatojn.

2.2.2 Aldono de specifa informo

La strategio de "eksplicitigo" rilatas aldonon de kelkaj vortoj aŭ piednotoj por pliigi informojn (inkluzive de politikaj, ideologiaj, kulturaj, ktp.) dum la tradukprocezo, por ke la legantoj povu pli bone kompreni la signifon de la originala teksto. La diferencoj inter ĉinaj kaj okcidentaj kulturoj postulas, ke la tradukisto faru profundan analizon de la kultura fono kaj lingvostilo de la fontlingvo dum la interpretado de la originalteksto; la kultura fono kaj lingvostilo de la cellingvo same kiel la mensa spaco de la leganto devas esti pripensita dum la integriĝoprocezo. Tial aldoni kelkajn necesajn klarigajn informojn al la traduko povas igi la tradukon pli kompleta.

Ekzemple, en la suba fontteksto nur aperas nomo *Miaoyu*, sed en la esperanta traduko aldoniĝis kroma informo "ĝia mastrino":

Ĉine	当下贾母等吃过茶, 又带了刘姥姥至栊翠庵来. 妙玉忙接了进去. Dāngxià jiǎ mǔ děng chīguò chá, yòu dàile liú lǎolao zhì lóng cuì ān lái. Miào yù máng jiēle jìnqù.
Esperante (Xie Yuming)	Post teo Avino gvidis la vilaĝaninon al la Verdlatisa Bonzinejo. **Ĝia mastrino Miaoyu** prompte bonvenigis Avinon <u>en la korton kie arboj kaj floroj prosperis.</u> (Ĉapitro 41)

Fakte, "en la korton kie arboj kaj floroj prosperis" ankaŭ estas aldonita informo.

Alia ekzemplo en ĉapitro 9, la intrigo okazas en la klasĉambro, sed en tiu ĉi originala teksto tio ne estas menciita; por bone komprenigi legantojn, la tradukinto aldonis informon pri la loko "plonĝis ... en la klasĉambron":

Esperante (Xie Yuming)	Mingyan estis la plej fidela al Jado, kvankam juna kaj sensperta. Aŭdinte tion li, kiu eĉ sen ia kaŭzo ofte turmentadis aliajn, **plonĝis** kun la instigo de Jia Qiang **en la klasĉambron** kaj, anstataŭ voki "Sinjorido Jin!", kriis "Ulo Jin, kio vi estas!" (Ĉapitro 9)

Similaj kazoj troviĝas multe en la tradukaĵo.

2.2.3 Eksplicado de pronomoj per substantivoj

Substantivoj ofte estas eksplicitataj, kiel montras la sekva ekzemplo en *Ruĝdoma Sonĝo*: En ĉapitro 3, Jaspa rakontas al sia avino, ke ŝi prenas medikamentojn ĉiutage kaj multaj famaj kuracistoj penis, sed vane. Foje fava bikŝuo volis forporti ŝin, tiam nur trijaran, sed ŝiaj gepatroj rifuzis. Siatempe, la bikŝuo diris:

Ĉine	他又说：既舍不得他，只怕他的病一生也不能好的了. Tā yòu shuō: Jì shěbudé **tā**, zhǐ pà **tā** de bìng yīshēng yě bùnéng hǎo dele.
Interlinia traduko	Li ree diris, jam domaĝi lin, tre probable lia malsano dumvive ne resaniĝos.
Esperante (Xie Yuming)	*Tiu* do diris, "*Vi* domaĝas? *Ŝi* neniam resaniĝos."

En la fontoteksto troviĝas tri *ta*-oj, la unua *ta* indikas la bikŝuon, sed la aliaj du *ta*-oj rilatas al Jaspa. Multaj popolaj romanoj en la dinastio Qing, kiel *Ruĝdoma Sonĝo*, simple uzis la vorton *ta* 'li', ĉar *ta* en la ĉina tiam ankoraŭ ne diferencis inter viro kaj virino. La fokuso sur la triapersonaj pronomoj li, ŝi, kaj ĝi en la moderna ĉina originis de la tradukpraktiko en la kultura fono de la disvastiĝo de okcidenta lernado al la Oriento en la Dinastio Qing.

El la esperanta teksto por senambiguigi, la tradukinto distingas tiujn *ta*-ojn, la unua *ta* estas tradukita kiel *tiu*, kaj la dua ellasita, la tria *ŝi*. Ne nur tio, sed ankaŭ aldoniĝis pronomo *Vi*.

2.2.4 Klarigoj ĉe la idiomaĵoj

Idiomaĵoj kaj proverboj estas koncizaj kaj vivecaj, kaj havas pli fortan esprimpovon ol ordinaraj vortoj. La plej multaj el ili venas de historiaj kaj literaturaj aludoj kaj havas profundajn kulturajn konotaciojn. En *Ruĝdoma Sonĝo* troviĝas sennombraj idiomaĵoj, kvar-silabaj vortoj, la tradukinto foje simpligas ilin por ke alilandaj legantoj povu kompreni ilin, samtempe evitante klarigojn de historiaj aludoj, sed plejparte ili estas detale eksplicitaj per klarigaj piednotoj.

Jen la ekzemplo:

Ĉine	彩霞咬着嘴唇，向贾环头上戳了一指头，说道："没良心的！狗咬吕洞宾，不识好人心。" Căixiá yǎozhe zuǐchún, xiàng jiǎ huán tóu shàng chuōle yī zhǐtou, shuōdao: "Méi liángxīn de! Gǒu yǎo lǚdòngbīn, bù shí hǎo rénxīn."
Esperante (Xie Yuming)	Ŝi mordis la lipon kaj fingre pikis lian kapon. "Sendankulo! 'Bojado al Lü Dongbin sonas – la bonkorulon hund' ne konas'!" (Ĉapitro 25) * **kun piednoto**: Lü Dongbin: (798 – ?) Laŭlegende li, ĉar tre bonkora, fariĝis feo. Fakte li estis eruda taoisto.

Ĉi tio estas duparta alegoria dirajo transdonita ĝis hodiaŭ. *Lü Dongbin* estas unu el la ok eternuloj en la ĉina mitologio. Oni kutime uzas la dirajon por riproĉi homojn sendankemajn ne sciantajn kio estas bona kaj kio malbona por si mem. Ĉinaj legantoj konas la aludon "La hundo mordis *Lü Dongbin*", sed estas malfacile por la cellingvaj legantoj kompreni ĝin. Tial la tradukinto unue laŭvorte tradukas ĝin, kaj poste aldonas komentadon kaj klarigan piednoton al la figuro "Lü Dongbin". Tio permesas al cellingvaj legantoj kompreni la profundan kulturan ligon inter "hundo" kaj "*Lü Dongbin*".

2.3 Normigo

Normigo estas difinita de Baker tiel: "The tendency in translation to conform to patterns and practices that are typical of the target language, even to the point of exaggeration" 'la tendenco konformiĝi al ŝablonoj kaj praktikoj, kiuj estas tipaj de la cellingvo, eĉ ĝis troigi ilin.' (Baker 1996, 183). Baker rimarkis, ke normigo estas reflektita en gramatiko, tipa interpunkcio kaj kunuzataj ŝablonoj. Vanderauwera trovis ampleksajn signojn de ŝanĝoj en interpunkcio, vortelekto, stilo, frazstrukturo, kaj tekstorganizo, ĉion el kiuj ŝi konsideris kiel manifestiĝojn de ĝeneralaj tendencoj en tekstaj konvencioj, ŝajne aprobita de la celgrupo (Vanderauwera 1985, 93).

Normiga fenomeno ankaŭ troviĝas en la traduko de *Ruĝdoma Sonĝo*, ĉefe montriĝas en formulaj frazoj, nomoj de rolantoj kaj poezia strukturo.

2.3.1 Formulaj frazoj

Ruĝdoma Sonĝo estas tipo de tradicia ĉina romano kun ĉiu ĉapitro havanta ĉe la kapo versoduon, kiu donas la esencon de sia enhavo. En tiuspecaj romanoj la ekzisto de formulaj frazoj estas absolute necesa. Komenca frazo ofte uzatas en tradiciaj rakontoj aŭ romanoj kiel "La rakonto diras, ke..."; "Estas rakontate, ke...". Je la fino de ĉiu ĉapitro, la originala aŭtoro uzos la formulon "Se vi volas scii kio okazis, bonvolu legi la sekvan ĉapitron" por prezenti la rakonton al la sekva ĉapitro.

En *Ruĝdoma Sonĝo*, estas entute 120 ĉapitroj; preskaŭ je komenco kaj fino de ĉiu ĉapitro legiĝas supraj formuloj, sed la tradukinto ne esperantigis ilin en ĉiu ĉapitro. Mi ĉitis kelkajn por prezenti:

En la komenco de la ĉapitro:

Kiel menciite, Jaspa kaj ŝiaj kuzinoj vidis, ke Matrono Wang diskutas pri familiaj aferoj, pro kio ili iris al la apartamento de Teksa. (Ĉapitro 4)

Kiel dirite, Keqing tre miris, ke Jado kriis sonĝe ŝian infannomon; tamen ŝi sin ĝenis por fari demandon al li. (Ĉapitro 5)

Informite, ke Feniksa respondecas pri la internaj aferoj, Lai Er, ĉefekonomo de la Domo de Ningguo, kolektis siajn subulojn. (Ĉapitro 14)

Jado, kiel ni scias, rakontis pri rataj spiritoj en la ĉambro de Jaspa. (Ĉapitro 20)

Kiel rakontite, Jaspa atribuis al Jado tion, ke Qingwen ne ovris al ŝi la pordon. (Ĉapitro 28)

Kiel rakontite, Anjo Liu kriis kun larĝa gesto, "Floroj falas, tiom tiom grandan kukurbon naskas!" (Ĉapitro 41)

Kiel supre dirite, Jia Zhen kaj Jia Lian tuj ordonis al siaj servoknaboj disŝuti monerojn sur la scenejon. La monera tintado forte plezurigis Avinon. (Ĉapitro 54)

Kiel dirite, Pacema prenis la manĝon kune kun Feniksa kaj servis al ŝi en la manlavo kaj gargaro. (Ĉapitro 56)

Kiel supre dirite, ... (Ĉapitro 58)

Kiel dirite, Jia Lian vizitis Matronon Wang por raporti al ŝi la okazaĵon. (Ĉapitro 103)

Fine de la ĉapitro:

Kio okazis poste al la dando? Bonvole legu la sekvan ĉapitron! (Ĉapitro 11)

Kio sekvis? Bonvole legu plu! (Ĉapitro 12)

Jen la kvin punktoj, de ŝi resumitaj. Kiel ŝi traktis ilin? Bonvole legu la sekvan ĉapitron! (Ĉapitro 13)

Sed kian impreson li havis en proksimo? Bonvole legu la sekvan ĉapitron! (Ĉapitro 14)

Ĝis la sekva ĉapitro! (Ĉapitro 15)

Bonvole legu la sekvan ĉapitron! (Ĉapitro 18)

Kio sekvis? Bonvole legu la sekvan ĉapitron! (Ĉapitro 20)

Pri kio? Bonvole legu la sekvan ĉapitron! (Ĉapitro 21)

Por scii, kio okazis plu, bonvole legu la sekvan ĉapitron! (Ĉapitro 28, 53, 54, 56, 57, 58, 59, 60.....)

2.3.2 Normigita traduko de personaj nomoj kaj loknomoj

La ĉefaj roluloj en la *Ruĝdoma Songo* havas esperantigitajn nomojn, ekz.: Jado, Jaspa, Ora, Feniksa, Teksa, Penetra (ĉambristino de Jado), Koincida, Lotusa, Pacema, ktp. Plej multaj nomoj de homoj uzas pinjinon, ekz. Jia Yucun, la ceteraj 7 el 12 ĉarmulinoj de Jinling estas Yuanchun, Tanchun, Xiangyun, Miaoyu, Yingchun, Xichun, Qin Keqing. Por tiuj, kiuj ne havas konkretajn nomojn, la tradukinto uzas esperantajn alparolojn, ekzemple: Avino, Matrono Wang, Matrono Xing, Dua Fratino You, Tria Fratino You, Anjo Liu, Bofranjo Zhou, Onklino Xue, ktp.

En la romano, troviĝas multe da homofonoj, la tradukinto uzas piednotojn por klarigi ilin, ekz. Zhen Shiyin: Homofono de "veraj aferoj estas kaŝitaj" (*zhen* 'vera', *shi* 'afero' kaj *yin* 'kaŝi'). Por historiaj nomoj, la tradukinto uzas pinjinon kaj aldonas piednotojn, kiel Pan An, Zijian, Xizi, Wenjun.

Cao Xueqin mencias multajn verajn loknomojn en la libro, sed plejparte Cao Xueqin uzas la nomojn de malsamaj dinastioj, eĉ kelkaj veraj el ili estas ruze anstataŭigitaj per malveraj, kiuj estas tiel preskaŭ perfektaj, ke oni prenas ilin por la veraj. Entute troviĝas preskaŭ cent loknomoj en la libro. Plejmulto de la loknomoj estas fikciaj, sed konsiderinda nombro el ili estas realaj urboj, stratoj kaj pitoreskaj lokoj. La urboj kiuj estas plej menciitaj estas Jinling, Gusu kaj Weiyang, aŭ la nunaj Nankino, Suzhou kaj Yangzhou. Xie Yuming uzas pinjinon en ĉiuj tradukoj de realaj loknomoj, kiel la prefektujo Jiangning, la prefektejo Yingtian, la gubernio Chang'an, Lin'an, Suzhou, Jinling, Weiyang (Yangzhou), la Palaco Daming, ktp. Male, ses lokoj en *Ruĝdoma Songo* estas tradukitaj tute laŭ esperantaj nomoj: la Majesta Ĝardeno, Bambua Loĝio, Delicruĝa Korto, Galanga Parko, Tollava Montvilao kaj la Verdlatisa Bonzinejo.

La ĉefurbo en *Ruĝdoma Songo* estas "Chang'an", kaj la origino de la kvar famaj familioj estas en urbo "Jinling" (Nankino). En la esperanta versio, la tradukinto nur mencias ĝin kiel "nia ĉefurbo" (ĉapitro 6), "la urbo' (ĉapitro 79), eĉ ellasis la tradukon aliloke en ĉapitro 79.

En la romano, dufoje aperas lokonomo "大明宫" (Dàmíng gōng), unu el la reĝaj palacoj dum la Tang-dinastio. En la esperanta versio estas malsamaj esprimoj kiel "la Palaco Daming" (Ĉapitro 13) kaj "la Grandluma Palaco" (ĉapitro 18).

Koncerne la budhanan vorton: 阿弥陀佛 (ē mí tuó fó) Amitabo (Amitaba Budho), en la esperanta versio la tradukinto uzas unuigitan esprimon de komenco ĝis fino: Amitabo. La angla traduko de Yang kaj Yang estas konsekvenca: en la tuta libro aperas du esprimoj: "Amida Buddha!", "Buddha be praised!" (Cao Xueqin, trad. Yang kaj Yang 1978). Tamen Hawkes & Minford uzas malsamajn esprimojn por tiu ĉi budha vorto, krom la supremenciitaj anglaj esprimoj (Cao Xueqin, trad. Hawkes kaj Minford 1973).

2.3.3 Normigo en poezia strukturo

Estas diferencoj inter la esperanta kaj la ĉina poezio en multaj aspektoj. El fonologia vidpunkto, ĉina rimiĝo signifas, ke la vokalmezo kaj vokalfinaĵo estas samaj. En Esperanto-poezio la rimvortoj, kiuj finas versojn, estas samaj. El metrika vidpunkto, la ĉina estas tona lingvo, kaj la altiĝoj de la ritmo estas reflektitaj per "ebenaj kaj oblikvaj" tonoj, dum Esperanto-poezio uzas piedon kiel la unuon, kaj la tonoj estas reflektitaj per "senakcentaj kaj akcentaj" silaboj. Tial, tradukante ĉinan poezion en Esperanton, oni devas integri la poeziajn esprimkutimojn de la celteksto kaj la fontotekston, kaj uzi tradukmetodon konforman al la lingvaj trajtoj kaj esprimkutimoj de Esperanto por igi la tradukon legebla kaj inverse.

Ĉine	满纸荒唐言，一把辛酸泪！ mǎn zhǐ huāngtáng yán, yī bǎ xīnsuān lèi! 都云作者痴，谁解其中味？ Dōu yún zuòzhě chī, shéi jiě qízhōng wèi?
Interlinia traduko	Plena papero de absurdaĵoj, Plenmano da maldolĉaj larmoj! Ĉiuj diras, ke la aŭtoro estas freneza, Kiu komprenas la guston en ĝi?
Esperante (Xie Yuming)	*De fantastaj kaj larmsaturitaj historioj la folioj plenas! Ĉiuj diras, ke l' aŭtor' manias. Sed kiu la guston jam komprenas?* (Ĉapitro 1)

Tiu ĉi kvinsilaba verskvaro en formo de la antikva *Jue*-stilo (kvin-silaba kvarono) aperas en la unua ĉapitro. Ĝi estas la sola poemo verkita de la aŭtoro en sia propra titolo. Laŭvorta signifo de la unua verso "满纸荒唐言 (mǎn zhǐ huāngtáng yán)" estas 'La papero estas plena de sensencaĵoj', jen la sinmoko de la aŭtoro por sia verko. La aŭtoro maltrankviliĝas, ke lia peniga verko ne estos komprenata de estontaj generacioj, kaj antaŭvidas, ke oni ridos pro lia nescio kaj naiveco. Kvankam la lingvo de ĉi tiu poemo estas simpla kaj facile komprenebla, la animstato estas sufiĉe profunda.

Komparante la esperantan tekston kun la originala teksto, la tradukita teksto neŭtraligas la kulturajn trajtojn de la fontlingvo kaj la cellingvo, kaj en formo kaj en signifo. El formala vidpunkto, la originala teksto havas la finan rimon[2] *èi*, kaj la traduko sekvas rimon xaxa (x = senrima), la dua kaj la kvara versoj rimas je *-enas*, ne nur konservas la rimformon, sed ankaŭ konformas al la esprimkutimoj de la esperanta poezio. Tio faciligas ĝin al okcidentaj legantoj akcepti. Krome, ĉiu linio de la traduko havas dek silabojn kaj adoptas la ritman formon de trokeo por atingi la saman kadencon kiel la originala teksto. Ambaŭ versioj montras la profundajn sentojn de la aŭtoro, kvankam per malsamaj metrikaj rimedoj.

2.4 Interfero

Krom la supre menciitaj Universalaj Trajtoj, interfero estas konsiderata kiel ofta kaj tipa. Toury trovis, ke tradukistoj emas esti influitaj de la fontaj eldiroj, rezultigante, ke la esprimoj de la cellingvo ne estas sufiĉe glataj aŭ naturaj (Toury 1995). Kiom ajn profesia estas la tradukisto en sia tradukpraktiko, interfero ĉiam povas trovi sian vojon kaj iagrade funkcii dum la tradukprocezo. Tradukistoj tendencas produkti tradukitan eldiron ne retrovante la cellingvon per sia propra lingva scio, sed rekte de la fonteldiraĵo mem. Laŭ Baker, la difino de interfero estas: "phenomena pertaining to the make-up of the source text tend to be transferred to the target text" 'fenomenoj apartenantaj al la konsisto de la fontoteksto emas esti transdonitaj al la celteksto' (Laviosa 2009, 307).

Pro la leĝo de interfero en tradukprocezo, la trajtoj de la originalaj tekstoj povas malhelpi la tradukistojn, kaj lasi la tradukitajn tekstojn kun ambaŭ trajtoj de cellingvo kaj fontlingvo. La interfero de la fontoteksto estas ĝenerale nomita imitaĵo.

En la nuna esperanta versio de la romano, mi ankoraŭ ne trovis ekzemplon pri interfero, sed el la libro "Kurso pri la traduka arto de Esperanto" verkita de Li Shijun (1923-2012, esperante Laŭlum), kiu reviziis la manuskripton de *Ruĝdoma Sonĝo*, legiĝas mencio pri miskompreno de "撞客 *zhuàng kè*".

En la 35-a ĉapitro de *Ruĝdoma Sonĝo* vidinte sian fratinon Ora ploranta Xue Pan riverencis al ŝi kaj diris jene:

---

2 La ritmo de ĉinaj versoj konsistas el ideogramaj tonoj. Rekte tradukite, "kvinideograma versaro, kun la rimo èi".

Ĉine	Pinjine	Interlinia traduko
原是我昨儿喝了酒，	Yuán shì wǒ zuó er hēle jiǔ,	Fakte mi hieraŭ drinkis vinon,
回来的晚了，	huílái de wǎnle,	revenis malfrue,
路上撞客着了，	lùshàng <u>zhuàng kè</u>zhele,	survoje **renkontis amikon**,
来家未醒，	lái jiā wèixǐng,	hejmen venis sen vekiĝo,
不知胡说了什么，	bùzhī húshuōle shénme,	ne scias kion sensencaĵojn mi diris,
连自己也不知道，	lián zìjǐ yě bù zhīdào,	eĉ mi mem ne scias,
怨不得你生气。	yuànbudé nǐ shēngqì	ne mirinde ke vi koleris.

En sia manuskripto Xie Yuming esperantigis ĝin jene:

> Hieraŭ mi drinkis, malfrue revenis, survoje **trafis amikon**, hejme ankoraŭ ebriis kaj vomis sensencaĵon. Mi mem ne memoras, kion mi diraĉis. Vi juste koleras. (LI Shijun 2023, 65)

Kontrolante lian manuskripton Li Shijun rimarkis la mistradukon de "撞客 <u>zhuàng kè</u>" per "trafis amikon", fakte, ĝi signifas "renkonti fantomon". Finfine, en la eldonita versio Xie Yuming anstataŭis "trafis amikon" per "trafis fantomon".

Simila tradukaĵo aperis en la franca versio. La nura plena franca traduko de *Le rêve dans le pavillon rouge* 'Ruĝdoma Sonĝo' estis produktita en 1981 kaj estis tradukita de tri homoj, Li Zhihua, ĉino vivanta en Francio, lia franca edzino Jacqueline Alézaïs, kaj franca ĉinologo André d'Hormon, kiuj pasigis 27 jarojn laborante kune (TANG Jun 2015). Tamen, eĉ kun tia forta traduka teamo, oni ankoraŭ ne povas forigi la longedaŭran ombron de orientalismo en interpretado (LI Shiwei 2013, 292). Ni konsideru la sekvan simplan ekzemplon el Ĉapitro 6 de la romano.

Ĉine	我们姑娘年轻媳妇子，也难**卖头卖脚**的... Wǒmen gūniáng niánqīng xífù zǐ, yě nán mài tóu mài jiǎo de...
Interlinia traduko	Ni knabinoj junaj edzinoj, ankaŭ malfacile vendas kapojn kaj piedojn.
Esperante (Xie Yuming)	*Kaj mia filino, <u>ankoraŭ juna</u>, devas resti hejme.*
France	Quant à ma fille, une jeune femme, il ne lui conviendrait guère <u>d'aller faire étalage de sa frimousse et de ses petits pieds</u>.
Interlinia traduko el la franca	Pri mia filino, apenaŭ taŭgus, ke ŝi pavumu montrante sian vizaĝeton kaj siajn piedetojn.

En la fontoteksto la origina signifo de "卖 'vendi' 头 'kapo' 卖 'vendi' 脚 'piedo' (Mài tóu mài jiǎo)" estas "抛头露面 (pāo tóu lù miàn)", laŭvorte 'montri sian vizaĝon'. La idiomaĵo signifas (-parolante pri virino en feŭda socio) malkovri la kapon kaj montri sian vizaĝon, montri sin publike (ago rigardata kiel nedeca). En la franca traduko, ĝi iĝis "pavumi montrante sian vizaĝeton kaj siajn piedetojn". Tio estas laŭvorta traduko, relative ne tiel preciza.

3 Konkludoj

La celo de ĉi tiu studo estas demonstri la teorion de Mona Baka pri Universalaj Trajtoj de Tradukado. Troviĝas en la esperanta versio de la romano *Ruĝdoma Songo* precipe du trajtoj: simpligo kaj eksplicitigo. La esploraj rezultoj estas jenaj:

1. La simpligaj fenomenoj en la esperanta versio estas aparte evidentaj kaj troviĝas en la tuta teksto. La tradukinto de la esperanta versio uzas multe da rimedoj por simpligi la tradukojn, ekzemple, li anstataŭigis frazojn per substantivaj vortgrupoj, preterlasis tradukon de frazoj aŭ vortoj aŭ tute ne tradukis; uzis frazojn kun nekompletaj frazkomponentoj; vigle aplikis tre konciznajn dialogojn; rime esprimis idiomaĵojn; uzis pseŭdosinonimojn kaj sinonimojn por eviti ripeton, precipe en poezioj, ktp. Sed simpligo iel povas forigi la informojn kaŝitajn en la originala teksto, kaj malfavori al komunikado de la enkorpigitaj informoj. Tial tradukistoj devas konsideri siajn proprajn tradukcelojn kaj elekti taŭgajn tradukmetodojn.

2. Eksplicitajn fenomenojn ni ankaŭ povas vidi en esperanta traduko, kutime kun piednotoj aŭ aldono de kunligantaj vortoj, klarigoj ĉe la idiomaĵoj; aŭ aldono de frazoj, informoj de personoj, lokoj, aŭ eksplicitigo de budhismaj aferoj, anstataŭigo de pronomoj per substantivoj, ktp.

3. Normigo igas la esprimojn de la tuta traduko pli normigita kaj plibonigas la legeblecon de la traduko. Normigaj fenomenoj ankaŭ troviĝas en la esperanta traduko de *Ruĝdoma Songo*, sed ne tiom multe kiel simpligo kaj eksplicitado. Dum la tradukprocezo la tradukinto sekvas certajn normojn kaj regulojn, kiel la konsekvenco de la terminologio, gramatikaj strukturoj, normaj vortprovizoj aŭ tradukspecifoj, personaj nomoj kaj loknomoj; kaj formulaj frazoj legiĝas je komenco kaj fino de ĉiu ĉapitro.

4. Pro interfero en tradukprocezo, la trajtoj de la originalaj tekstoj povas malhelpi la tradukistojn, kaj lasi en la tradukitajn tekstojn ambaŭ trajtojn de cellingvo kaj fontlingvo. Interferojn mi ankoraŭ ne trovis en la esperanta versio, bezonatas plua esplorado.

Analizata verko

Cao Xueqin kaj Gao E. 1996. *Hong Lou Meng*. Beijing: Eldonejo de Popola Literaturo.
Cao Xueqin. 1995, 1996, 1997. *Ruĝdoma songô*, tradukis Xie Yuming, vol. 1-3. Beijing: Ĉina Esperanto-Eldonejo.
Cao Xueqin. 1978. *A Dream of Red Mansions*, tradukis Yang Hsien-yi kaj Gladys Yang, vol. 1-6. Beijing: Foreign Language Press.
Cao Xueqin. 1973, 1977, 1980, 1982, 1986. *The Story of the Stone*, tradukis David Hawkes kaj John Minford, vol. 1-5. London: Penguin Books.
[Cao Xueqin] Tsao Hsueh-chin. 1981. *Le rêve dans le pavillon rouge*, tradukis Li Zhihua, Jacqueline Alézaïs kaj André d'Hormon. Paris: Gallimard.

Bibliografio

Baker, Mona. 1992. *In Other Words: A Coursebook on Translation*. London/New York: Routledge. https://lantrans.weebly.com/uploads/2/1/1/6/21169610/in_other_words-a_coursebook_on_translation.pdf (02.05.2025)
Baker, Mona. 1993. "Corpus Linguistics and Translation Studies. Implications and Applications." En *Text and Technology: In Honour of John Sinclair*, redaktis Mona Baker, Gill Francis kaj Elena Tognini-Bonelli, 233-250. Amsterdam/Philadelphia: Benjamins. https://corpus.bfsu.edu.cn/Baker_1993_Corpus_Linguistics_Translation_Studies.pdf
Baker, Mona. 1996. "Corpus-based Translation Studies: The Challenges that Lie Ahead." En *Terminology, LSP and Translation Studies in Language Engineering: In Honour of Juan C. Sager*, redaktis Harold Somers, 175-186. Amsterdam/Philadelphia: Benjamins.
Becher, Viktor. 2010. "Towards a More Rigorous Treatment of the Explicitation Hypothesis in Translation Studies." *trans-kom* 3, kajero 1: 1-25. https://d-nb.info/1003050980/34
Bernardini, Silvia kaj Federico Zanettin. 2004. "When is Universal not a Universal? Some Limits of Current Corpus-based Methodologies for the Investigation of Translation Universals." En *Translation Universals: Do They Exist?*, redaktis Pekka Kujamäki kaj Anna Mauranen, 51-62. Amsterdam: Benjamins.
HUANG Libo. 2007. 基于汉英/英汉平行语料库的翻译共性研究 'Studo pri tradukkomuneco bazita sur ĉina-angla/angla-ĉina paralela korpuso'. Ŝanhajo: Fudan University Press.
"Kvar famaj klasikaj romanoj." 2022. *Vikipedio*. https://eo.wikipedia.org/wiki/Kvar_famaj_klasikaj_romanoj (24.02.2025)

Laviosa, Sara. 1998. "Core Patterns of Lexical Use in a Comparable Corpus of English Narrative Prose." *Meta: Translators' Journal* 43, kajero 4: 557–570. https://www.erudit.org/en/journals/meta/1998-v43-n4-meta169/003425ar.pdf

Laviosa, Sara. 2002. *Corpus-based Translation Studies: Theory, Findings, Applications*. Amsterdam: Rodopi.

Laviosa, Sara. 2009. "Universals." En *Encyclopedia of Translation Studies*, redaktis Mona Baker kaj Gabriela Saldanha, 2-a eld., 306–310. London/New York: Routledge. https://ssu.elearning.unipd.it/pluginfile.php/422897/mod_folder/content/0/Routledge_Encyclopedia_of_Translation_Studies_2nd_ed.pdf

LI Bingru. 2022.《水浒传》英译本中的翻译普遍性研究 'Studo pri traduka universaleco en la angla versio de *Water Margin*'. En: 今古文创 Jin gu wen chuang 27: 120–122. https://doi.org/10.20024/j.cnki.CN42-1911/I.2022.27.038

LI Shijun. 2023. *Kurso pri la traduka arto de Esperanto*. Beijing. Fremdlingva eldonejo.

LI Shiwei. 2013.《红楼梦》法译本翻译策略初探 'Studo pri la tradukstrategioj por la franca versio de *Hong Lou Meng*'. 红楼梦学刊 'Revuo de Hong Lou Meng' 3: 285–297. https://www.doc88.com/p-1923142074440.html?r=1

Olohan, Maeve kaj Mona Baker. 2000. "Reporting *that* in Translated English: Evidence for Subconscious Processes of Explicitation? *Across Languages and Cultures* 1, kajero 2: 141–158.

Øverås, Linn. 1998. "In Search of the Third Code: An Investigation of Norms in Literary Translation."*Meta: Translators' Journal* 43, kajero 4: 557–570

Pym, Anthony. 2005. "Explaining Explicitation." *New Trends in Translation Studies. In Honour of Kinga Klaudy*, redaktis Krisztina Károly kaj Ágota Fóris, 29–45. Budapest: Akadémiai Kiadó. https://usuaris.tinet.cat/apym/on-line/translation/explicitation_web.pdf (02.05.2025)

TANG Jun. 2015. "Some Thoughts on the Orientalism in the Translation of *Hong Lou Meng*." *Journal of Inner Mongolia Normal University (Philosophy & Social Science)* 44, kajero 1: 94–99.

Toury, Gideon. 1995. *Descriptive Translation Studies and Beyond*. Amsterdam/Philadelphia: Benjamins.

Vanderauwera, Ria. 1985. *Dutch Novels Translated into English: the Transformation of a Minority Literature*. Amsterdam: Rodopi.

Xiao, Richard. 2010. "How different Is Translated Chinese from Native Chinese? A Corpus-based Study of Translation Universals." *International Journal of Corpus Linguistics* 15, kajero 1: 5–35. https://www.lancaster.ac.uk/fass/projects/corpus/ZJU/xpapers/Xiao_IJCL_TransChinese.pdf

YANG Chongchong. 2013. 从概念整合的角度看翻译的普遍特征与策略 'Esplori la universalajn trajtojn kaj strategiojn de tradukado de la perspektivo de koncepta integriĝo.' 现代语文(语言研究版) *'Modernaj Lingvoj (Lingva Esplora Eldono)'* kajero 3: 149–151.

ZHU Chaowei. 2016. "How Different Is Translated Hongloumeng from Native Classic English Novels: Corpus-based Evidence for Translation Universals." *Asia Pacific Interdisciplinary Translation Studies* 2, kajero 1: 59–73.

Pri la aŭtoro

GONG Xiaofeng estas emerita profesoro pri media inĝenierado en la Universitato de Nanchang (Ĉinio). Ŝi doktoriĝis en 2006. Ŝiaj esploroj traktas interalie protekton de lagoj kaj malsekregionoj, la tradukarton kaj instruadon de Esperanto. Ŝi studis pri Interlingvistiko 2021–2024 ĉe Universitato Adam Mickiewicz en Poznano (Pollando). Ŝia diplomlaboraĵo temis pri la tradukstrategioj en la esperantigita romano *Ruĝdoma Sonĝo*.

Retadreso: arko.gong@gmail.com
ORCID-numero: 0000-0002-6708-4953

About the author

GONG Xiaofeng is a retired professor of environmental engineering at Nanchang University (China). She received her doctorate in 2006. Her research interests include lake and wetland protection, translation, and Esperanto teaching. She studied Interlinguistics during 2021–2024 at Adam Mickiewicz University in Poznań, Poland. Her thesis was about the study of translation strategies in the Esperanto version of the Chinese novel *The Dream of the Red Chamber*.

作者简介

弓晓峰是南昌大学环境工程系退休教授。她于2006年获得博士学位。她的研究方向包括湖泊与湿地保护研究、翻译以及世界语教学。2021年至2024年,她在波兰波兹南密茨凯维奇大学学习跨语言学,其毕业论文是关于中国小说《红楼梦》世界语版翻译策略的研究。

Observation of Universal Features of Translation in the Esperanto version of the Classic Chinese Novel *The Dream of the Red Chamber*

Abstract: *Hong Lou Meng* 'The Dream of the Red Chamber' is one of the four famous classical novels in China; it has been translated into 22 foreign languages, including an Esperanto version translated by Xie Yuming. The novel is good research material for translation. Due to differences in culture and cognitive issues, inconsistencies between the original text and the translated text are inevitable during the integrated translation process. According to the hypothesis by Mona Baker (1992), translated texts also have a particular "translation style", which can be characterised by four Universal Features of Translation, namely: simplification, explicitation, standardisation and interference. Based on this theory, this study presents an analysis of the most frequently cited Translation Universal in the Esperanto version, entitled *Ruĝdoma Sonĝo*, compared with two well-known translations in the English language (Cao Xueqin, tr. Hawkes and Minford 1973; Cao Xueqin, tr. Yang and Yang 1978). The results show that the Translation Universal hypothesis is valid or partially valid in the three translations.

Keywords: Translation Universals; simplification; explicitation; normalization; interference; *Hong Lou Meng*

翻译的普遍性特征在中国古典小说《红楼梦》世界语译本中的应用

摘要:《红楼梦》是中国四大名著之一,迄今已有22种语言的译本,其中包括谢玉明先生翻译的世界语版本。这部小说是翻译艺术研究的良好材料。由于文化和认知问题的差异,在翻译的整合过程中不可避免地会出现原文和译文不一致的情况。根据莫娜·贝克(1992)的假设,翻译文本还具有特定的"翻译风格",其可以用翻译的四个普遍特征来概括,即:简化、显化、规范化和干扰。基于此理论,本研究对《红楼梦》世界语译本中最常出现的普遍性特征进行了分析,并与两个著名的英语译本(Cao Xueqin, tr. Hawkes and Minford 1973; Cao Xueqin, tr. Yang and Yang 1978)进行了比较。研究结果表明,翻译普遍性假说在三个译本中均成立或部分成立。

关键词: 普遍性特征;简化;显化;规范化;干扰;红楼梦

Philippe Planchon
Université de Tours, Francio

Evoluo de la afiksoj kaj de ilia memstara uzo en Esperanto

Resumo: Kvankam Esperanto estis komence ellaborita kiel lingvo-projekto, ĝi fariĝis iom post iom vivanta lingvo por sia komunumo de parolantoj. La uzo de vasta sistemo de afiksoj en Esperanto povus esti konsiderata kiel la simptomo de tiu artefarita deveno. Tamen laŭ etimologia vidpunkto oni vidas, ke Esperanto prunteprenis siajn afiksojn de naturaj lingvoj, ĉefe de hind-eŭropaj lingvoj. Malgraŭ tio, problemo aperas kiam oni konsideras la memstaran uzon kiu povas esti aplikata al tiuj afiksoj, pro tio ke tia uzo ŝajnas iel nekutima afero. Tio instigas nin interesiĝi pri la sistemo de la afiksoj en Esperanto, esplorante tiun sistemon laŭ diakrona perspektivo. Tiu esploro estas bazita sur la korpuso de Tekstaro, kaj ĝi disvolviĝas per komparo inter la derivila uzo kaj la memstara uzo de tiuj afiksoj. La evoluo de tiu sistemo alportas pli klaran vidon pri la lingvaj procezoj kiuj funkcias interne de Esperanto, lingvo kiu emas fariĝi natura lingvo post sufiĉe signifa periodo de tempo.

Ŝlosilvortoj: afiksoj; Esperanto; memstara uzo; diakrona evoluo

1 Enkonduko

Esperanto unue aperis kiel lingvo-projekto, sed ĝi fariĝis vivanta lingvo (Fiedler kaj Brosch 2022). De 1887 la lingvo fakte evoluis, sed tiu fenomeno estas kompleksa. Tio signifas, ke laŭ tipologia vidpunkto Esperanto estas kaj ordinara lingvo, kaj tute aparta lingvo. Esperanto ja similas al aliaj etnaj lingvoj (Koutny 2015). Sed la lingvo konsistis komence el normo (Zamenhof 1887), kiu ne estis uzata de parolantoj. Poste ekaperis uzado de la lingvo kaj parolantoj de la lingvo. Do iom post iom la lingvo atingis certan gradon de ensociiĝo (Blanke 1985), kaj delonge ĝi ne plu estas lingvoprojekto.

Pro tio oni povas distingi diversajn evolu-fazojn (Koutny 2018; Planchon 2021). Kadre de tiu artikolo sufiĉas almenaŭ distingi tri ĉefajn fazojn. La unua evolu-fazo [1878–1887] rilatas al la ellaborado de la lingvo-projekto. Tiuj unuaj provoj nomiĝas pra-Esperantoj (Mattos 1987; Kiselman 2011). Ekde la pra-Esperantoj ĝis la publikigo de la *Unua Libro*, Zamenhof elprovis diversajn solvojn kaj eksperimentis pri la lingvo-projekto, aparte per intensa tradukolaboro. La dua evolu-fazo [1887–1905] ankoraŭ ne tute similis al la ordinara evoluo de la etnaj lingvoj, ĉar tio estis periodo de elprovoj kaj de diskutoj pri reform-projektoj. Sed ekde la unua Universala Kongreso kaj la adopto de la *Fundamento* (Zamenhof 1905) la lingvo fortikiĝis kaj vere stabiliĝis. La tria evolu-fazo [ekde 1905 ĝis nun] estas la "semiologia vivo de la lingvo" (laŭ la esprimilo de Ferdinand de Saussure), kaj la lingvo similas al aliaj etnaj lingvoj kaj ĝis nun evoluas senrompe kiel evoluas aliaj etnaj lingvoj laŭ diversaj aspektoj. Jen kiel Ferdinand de Saussure jam en 1916 antaŭvidis tiun evoluon eĉ por Esperanto:

> Cette évolution est fatale; il n'y a pas d'exemple d'une langue qui y résiste. Au bout d'un certain temps, on peut toujours constater des déplacements sensibles.
>
> Cela est si vrai que ce principe doit se vérifier même à propos des langues artificielles. Celui qui en crée une la tient en main tant qu'elle n'est pas en circulation; mais dès l'instant qu'elle remplit sa mission et devient la chose de tout le monde, le contrôle échappe. L'espéranto est un essai de ce genre; s'il réussit, échappera-t-il à la loi fatale? Passé le premier moment, la langue entrera très probablement dans sa vie sémiologique; elle se transmettra par des lois qui n'ont rien de commun avec celles de la création réfléchie, et l'on ne pourra plus revenir en arrière. L'homme qui prétendrait composer une langue immuable, que la postérité devrait accepter telle quelle, ressemblerait à la poule qui a couvé un œuf de canard: la langue créée par lui serait emportée bon gré mal gré par le courant qui entraîne toutes les langues.   (de Saussure 1916/1995, 111)
>
> 'Tiu evoluo [de la lingvoj] estas fatala; ne estas ekzemplo de lingvo kiu rezistas al ĝi. Post kelka tempo, oni ĉiam povas konstati percepteblajn movojn.
>
> Tio estas tiel vera ke la principo validas eĉ por artefaritaj lingvoj. Kiu kreas lingvon havas ĝin sub sia regado dum ĝi ne cirkulas; tamen, ekde la momento en kiu ĝi plenumas sian mision kaj fariĝas ĉies posedaĵo, ĝi eskapas kontrolon. Esperanto estas tiuspeca provo: se ĝi triumfos, ĉu ĝi eskapos el tiu fatala leĝo? Post la unua momento, la lingvo tre probable eniros en sian semiologian vivon; ĝi transdoniĝos laŭ leĝoj kiuj nenion komunan havas kun tiuj de pripensita kreado; kaj ĝi ne plu povos malantaŭen paŝi. Homo kiu intencus krei neŝanĝeblan lingvon, kiun posteuloj devus akcepti tian, kia ĝi estis ricevita, similus al kokino kiu kovis anasan ovon: la lingvo de li kreita estus fortrenita, ĉu li volus aŭ ne, de la fluo kiu kunportas ĉiujn lingvojn.' (de Saussure 1916/2022, 88)

Se oni konsideras la historion de la lingvo Esperanto, oni do povas pridemandi pri la evoluo de la afiksoj. De kie ili devenas? Kiel oni uzas ilin nuntempe? Ĉu la memstara uzo de la afiksoj estas stranga propraĵo de Esperanto, aŭ ĉu tiu uzado estas natura evolu-vojo de la lingvo?

2 Etimologio de la afiksoj

Kiam oni konsideras la devenon de la afiksoj en Esperanto, oni povas rigardi la etimologion de tiuj vortelementoj. Unuavide Esperanto aspektas kiel eŭropa lingvo pro la deprunto de latinidaj, ĝermanaj kaj slavaj radikoj por la leksiko. Tio ankaŭ validas se temas pri afiksoj, kiel montras kelkaj ekzemploj pri la etimologio de la afiksoj de Esperanto (laŭ Waringhien 1959, 64-69):

bo- [peredziĝa parenceco] < fr. *beau-* (*beau-père* 'bopatro')
mal- [kontraŭa ideo] < fr. *mal-* (*malheureux* 'malfeliĉa')
-aĵ [konkreta objekto] < fr. *-age* (*lainage* 'lanaĵo', *laitage* 'laktaĵo')

ek- [komenciĝo de procezo] < gr. *ek-* (*eklampeïn* 'ekbrili')
-id [ideo de naskiteco] < gr. *-id* (*Pelopidès* 'idoj de Pelops')

-aĉ [senvalorigo] < it. *-accio* (*lettaccio* 'malbona lito')
-iĝ [ŝanĝo de stato] < it. *-eggiare* (*verdeggiare* 'verdiĝi')
-uj [afero kiu entenas] < it. *-oi-* (*mangiatoia* 'manĝujo')
-ec [kvalito aŭ stato] < it. *-ezza* (*bellezza* 'beleco')

-end [deviga] < lat. *-endus* (*legendus* 'legenda')
-ar [kolekto kiel tuto] < lat. *-arium* (*vocabularium* 'vortaro')
-an [membro aŭ loĝanto] < lat. *-an* (*Romanus* 'Romano')

-ej [loko] < germ. *-ei* (*Bäckerei* 'bakejo')
ge- [de ambaŭ seksoj] < germ. *Ge-* (*Geschwister* 'gefratoj')

-eg [plej alta grado] < ru. *-jaga* (*dvornjaga* 'dika hundo')
pra- [plia grado de parenceco] < ru. *pra-* (*praded* 'pra-avo')

-op [en grupoj de] < lit. *-ópas* (*dvejópas* 'duope')

-ig [efiko de kaŭzo] < germ. *-igen* (*reinigen* 'purigi') / lat. *-igare* (*purigare* 'purigi')
-il [instrumento] < ru. *-il* (*kormilo* 'ŝipstirilo') / fr *-ail* (*gouvernail*) / germ. *-el* (*Schlüssel* 'ŝlosilo')
re- [ripeto], *-et* [malalta grado], *-in* [sekso], *-ebl* [povas], *-ist* [profesio], *-ism* [doktrino]...

Tabelo 1: Etimologio de la afiksoj en Esperanto (vd. Waringhien 1959)

Kelkaj afiksoj (ĉi tie en la lasta parto de la listo) ne devenas de ununura fonto, sed de pli larĝa grupo de lingvoj (latinidaj aŭ hind-eŭropaj, kie ilia uzo ĝeneraliĝis), ekzemple: *re-, -et, -in, -ebl, -ist, -ism*.

3 Memstara uzo de la afiksoj

Tamen, malgraŭ tiu aspekto de eŭropa lingvo Esperanto ne funkcias kiel hind-eŭropa lingvo ĉe la morfologia nivelo. Fakte pri tiu diferenco inter la supraĵa aspekto kaj la profunda strukturo de la lingvo Zamenhof mem tute konsciis, kiel li klarigas en la antaŭparolo de la *Unua Libro*:

> Mi aranĝis plenan *dismembrigon* de la ideoj en memstarajn vortojn, tiel ke la tuta lingvo, anstataŭ vortoj en diversaj gramatikaj formoj, konsistas sole nur el *senŝanĝaj* vortoj. Se vi prenos verkon, skribitan en mia lingvo, vi trovos, ke tie ĉiu vorto sin trovas ĉiam kaj *sole* en unu konstanta formo, nome en tiu formo, en kiu ĝi estas presita en la vortaro. Kaj la diversaj formoj gramatikaj, la reciprokaj rilatoj inter la vortoj k.t.p. estas esprimataj per la kunigo de senŝanĝaj vortoj. Sed ĉar simila konstruo de lingvo estas tute fremda por la Eŭropaj popoloj kaj alkutimiĝi al ĝi estus por ili afero malfacila, tial mi tute alkonformigis tiun ĉi dismembrigon de la lingvo al la spirito de la lingvoj Eŭropaj, tiel ke se iu lernas mian lingvon laŭ lernolibro, ne traleginte antaŭe la antaŭparolon (kiu por la lernanto estas tute senbezona), – li eĉ ne supozos, ke la konstruo de tiu ĉi lingvo per io diferencas de la konstruo de lia patra lingvo.
>
> (Zamenhof 1903, 248)[1]

Komence tiu originaleco de Esperanto estis interpretata kiel skemisma karaktero de la lingvo kadre de la ĝenerala opozicio inter skemismaj lingvoj (ekzemple Volapuko) kaj naturalismaj lingvoj (kiel Occidental). Tiurilate la solvo de Esperanto ja estas originala. Ne temas pri hazarda elekto de afiksoj (kiel faris ekzemple Schleyer por Volapuko), ĉar tiuj afiksoj de Esperanto etimologie rilatas al la naturaj lingvoj. Aliflanke, ne temas pri limigita pruntepreno de jam ekzistantaj derivaĵoj, kiel okazas en la naturalismaj lingvoj, kiuj ricevas kaj uzas afikson el latinida lingvo nur konforme al la uzo de tiu afikso en la fonta lingvo. Do post ricevo de la afikso en Esperanto tiu ĉi funkcias sendepende de la fonta lingvo, kaj povas eĉ fariĝi memstara vorto de la lingvo.

Laŭ morfologia vidpunkto tiu funkciado de Esperanto kun memstaraj vortunuoj ne estas tiom artefarita, kiom ĝi aspektas unuavide. Tiu mekanismo ja ekzistas en naturaj lingvoj, kvankam temas pri ne-eŭropaj lingvoj. Fakte Zamenhof konis almenaŭ unu ne-eŭropan lingvon, nome la hebrean, kaj eble tiu lingvo inspiris al li la ideon dismeti la vortojn el diversaj

---

1 La *Unua Libro* (Zamenhof 1887) aperis en la rusa kaj aliaj etnaj lingvoj. Mi citas ĝin laŭ la esperantlingva traduko aperinta en la *Fundamenta Krestomatio* (Zamenhof 1903, 248).

vorteroj. Eĉ la eŭropaj lingvoj povas foje prezenti similan funkciadon, ĉar la afiksoj ne ĉiam okazigas ŝanĝon de la radikoj. Do Zamenhof reguligis en Esperanto la derivadon de la vortoj per afiksoj. Ĉiukaze eblas kompreni tiun principon laŭ pli larĝa vidpunkto, konsiderante ekzemple la uzon de afiksoj en la aglutinaj lingvoj aŭ en la izolecaj lingvoj, kompare al kiuj la funkciado de Esperanto ne ŝajnas eksterordinara. Kvankam Esperanto aspektas hindeŭropa, ĝi pli forte similas al aliaj lingvoj.

Jen kiel Cyril Brosch prezentas la problemon :

> Esperanton oni kutime klasifikas aglutina lingvo (ekz. Wells 1989: 27: "kiel konate"). Tamen Piron 1980 (passim, precipe 18–24) atentigas prave, ke la granda plimulto de la Esperantaj morfem-tipoj estas memstara kaj absolute neŝanĝebla, kiel en izolaj lingvoj. Por li tiu trajto estas eĉ la plej baza distingo inter la lingvotipoj (fleksiaj lingvoj: ĉiuj morfemoj estas modifeblaj – aglutinaj lingvoj: nur la gramatikaj morfemoj estas modifeblaj – izolaj lingvoj: neniuj morfemoj estas modifeblaj; p. 2s.), kaj kun etaj esceptoj Esperanto en sia profunda strukturo (kp. pri la koncepto Piron 1980: 18s.) funkcias laŭ ĉi-lasta modelo. (Brosch 2007, 4)

Tamen tiu distingo inter fleksiaj (t.e. fandaj), aglutinaj kaj izolecaj lingvoj estas tro limigata kaj tro rigida. Oni devas klarigi tiun distingon per aliaj distingoj, kaj aparte per uzo de diversaj indicoj, inter kiuj menciindas indico de variado (nombro de alomorfoj por unu morfemo), indico de sintezeco (nombro de morfemoj en unu vorto), kaj indico de kunfandiĝo (nombro de informoj en unu morfemo). Esperanto havas altan indicon de sintezeco, kaj malaltajn indicojn de variado kaj de kunfandiĝo. Tial Esperanto povas esti konsiderata kiel izoleca aŭ aglutineca lingvo, sed ne kiel fanda lingvo.

4 Parametroj en la funkciado de la afiksoj

Pro tiu aparta karaktero oni povas pli facile kompreni kial Esperanto havas multe da afiksoj. En PMEG (Wennergren 2024) pli ol ducent afiksoj estas listigitaj. Granda parto de ili estas fakaj, sciencaj kaj teknikaj, sed ankaŭ ekzistas tute oftaj kaj ordinaraj afiksoj en la lingvo. Jen sintezo de tiu afiksaro:

120	41	10	Oficialaj prefiksoj
		31	Oficialaj sufiksoj
	79	28	Prepozicioj uzataj kiel afiksoj
		21	Radikoj uzataj kiel afiksoj
		30	Diversaj elementoj (numeraloj, tabelvortoj...)
93		29	Maloftaj prefiksoj (fakaj, etimologiaj...)
		36	Maloftaj sufiksoj (fakaj, etimologiaj...)
		28	Sciencaj afiksoj kun numerala funkcio

Tabelo 2: Distribuo kaj kvanto de afiksoj en Esperanto (laŭ Wennergren 2005)

Kvankam Tabelo 2 estas utila sintezo, necesas konscii, ke temas pri rezulto de evoluo. Kompreneble multaj el tiuj afiksoj (kiel la fakaj afiksoj) ne ekzistis komence en 1887. Eĉ pli ordinaraj afiksoj (ne-fakaj) aperis poste, ekzemple *-end* aŭ *-esk*. Tiu apero de novaj afiksoj ne ĉesis. Ekzemple estas uzata nuntempe nova sufikso *-iĉ* (vd. Kramer 2014), vira ekvivalento de *-in*. Kvankam ĝi estas plu diskutata kiel oportuna aŭ maloportuna novaĵo, tiu nova sufikso estas almenaŭ kohera laŭ la sistemo de la lingvo pro la ekzisto de la karesaj afiksoj *-ĉjo* kaj *-njo*, kiel montras Tabelo 3:

	ordinara sufikso	karesa sufikso
inseksa	*-in*	*-nj*
virseksa	*-iĉ*	*-ĉj*

Tabelo 3: Sistemaj rilatoj inter genraj afiksoj

Alia problemo estas la uzo de vorto-kategorioj. Ĉu prepozicio uzata kiel afikso plu estas prepozicio aŭ fariĝas vera afikso? Fakte tio ne profunde ŝanĝas la interesan karakteron de Esperanto, nome la eblecon uzi iun ajn elementon en aliaj vorto-kategorioj. La plej klara pruvo de tiu fenomeno estas la ebleco uzi afikson kiel radikon, t.e. la memstara uzo de la afiksoj.

Ĝuste pri tiu memstara uzo de la afiksoj, necesas ĉi tie distingi inter *derivila uzo* kaj *memstara uzo*. Tabelo 4 prezentas tiun distingon:

	Prefiksoj	Sufiksoj
Derivila uzo :	*reveni*	*dometo*
Memstara uzo :	*ree*	*eta*

Tabelo 4: Morfologiaj konstru-eblecoj baze de afiksoj

Tiu distingo povas esti ilustrata per ekzemploj eltiritaj de Tekstaro (Wenner-gren 2025). La ekzemplo (1) montras la uzon de *-end* kiel derivilo, kaj la ekzemplo (2) la uzon de *-end* kiel memstara radiko:

1. Mi komprenis, ke tiel ne plu eblas daŭrigi, io *farendas*. (La Kiso, Johansson 1995)
2. Tamen, ĉar ni atingis tiun konkludon, *endas* ne halti ĝis estos demonstrite plej klare kiel estas. (La Respubliko Platono, trad. Broadribb 1993)

Kiam afikso estas uzata memstare, ĝi povas ricevi la diversajn finaĵojn kiel ordinara radiko. La ekzemplo (3) ilustras la uzon de *-n* finaĵo, kaj la ekzemplo (4) la uzon de *-j* (plurala finaĵo):

3. La singardema redaktoro, kvankam li staris sekure, tamen volis reiri malantaŭ la baron, remetis la manon sur la turnilo kaj faris paŝon *reen*. (La Majstro kaj Margarita, fragmentoj, Pokrovskij 1991)
4. Tiu inĝenia strukturaĵo ne rivelas tamen diferencon inter *praaj* enkavernaj desegnaĵoj kaj tiuj de Picasso. (Kien fluas roj' Castalie, Muraŝkovskij 1984)

Kiel montras tiuj ekzemploj, la memstara uzo de afiksoj povas okazi por prefiksoj (ekzemploj 3 kaj 4), aŭ por sufiksoj (ekzemplo 2). Oni ankaŭ povas konstati, ke la memstara uzo povas okazi per aldono de verba finaĵo (2), de adverba finaĵo (3), de adjektiva finaĵo (4). Kompreneble tio ankaŭ povas okazi per aldono de substantiva finaĵo, kiel montras la ekzemplo (5), kie oni trovas la vortojn *ino* kaj *estro*:

5. dank'al tiu instinkto naskita de la ĵaluzeco, ŝi divenis ke io teksiĝas kontraŭ ŝia feliĉeco, kaj ke la *ino* ŝin anstataŭonta en la koro de l'*estro* jam estis trovita. (Kastelo de Prelongo, Vallienne 1907)

Tiu ekzemplo (5) estas relative malnova (1907), sed tiu mekanismo estas plu uzata, eĉ se temas pri tute nova afikso kiel la afikso *-iĉ*, kiun ni jam menciis. Laŭ PMEG (Wennergren 2024, 39.1.13) tiu sufikso plej verŝajne estis proponita la unuan fojon en 1976, dum la sufikso *-in* ja estas en la lingvo ekde la komenco (1887). Danke al tiu ekzemplo (5) ni konstatas, ke *ino* kiel memstara vorto jam ekzistis en 1907 (kaj estas multaj ekzemploj de tiu vorto *ino* en Tekstaro). Tamen la vorto *iĉo* aperis nur lastatempe kiel memstara uzo de la sufikso *-iĉ*. Tion montras la ekzemplo (6) (notindas, ke ĝi estas ĝis nun la sola ekzemplo en Tekstaro):

6. Kiam mi aŭdas vin ride diri: "Nur unu fojon iu *iĉo* purigas la vazaron kaj jen kio okazas!", mi sentas min malĝoja, ĉar mi ŝatus ricevi empation rilate al mia fingra vundo. (Kontakto 2011-2019)

Do ekzistas evoluo de la sistemo de afiksoj, kaj ankaŭ evoluo de ilia uzo kiel memstaraj radikoj. Ĝuste pri tio parolas interalie John Wells. Jen citaĵo el *Lingvistikaj aspektoj de Esperanto*:

> Skemisma vortfarado ricevis antaŭenpuŝon el unu alia direkto, nome la ekuzo de afiksoj kiel memstaraj radikaloj. En la komenco, en 1887, oni trovas nur *eble*. Baldaŭ poste venis *eblo, indo, edzo, ree, ano, dise* el la plumo de Zamenhof mem, kaj el tiu de Grabowski *emo, eksa*. Sekvis *eco, estro, igi, eta, ingo, ino, aro, ilo*, kaj – de Kofman – *iĝi*. Nur post la jarcentoŝanĝo venis *ejo, aĵo, ido, ulo, eki*. Ne Zamenhof, sed aliaj esperantistoj volantaj eksplutati la latentajn kapablojn de la lingvo, poste ekuzis *adi, ega, ero, ujo, gea, praa, ismo*. Eĉ *aĉa*, hodiaŭ tre ŝatata adjektivo, dankas sian unuan

aperon al Kalocsay en 1924. Sed tiun ideon ni ankoraŭ ne aplikis tiom, kiom eblas. Kial, ekzemple, ni ne diru *ujivo* anstataŭ *kapacito*? (Wells 1989, 58)

Tiu citaĵo parolas pri evoluo, kiu jam dekomence aperis, sed kiu disvolviĝis iom post iom, kaj kiu eventuale plu daŭras ĝis nun. Ĉu oni povas konfirmi tiun intuicion de Wells per datumoj? Kiel aspektas la evoluo de tiu fenomeno? Por pristudi tiun evoluon de la lingvo, ni konsideros nun datumojn el Tekstaro, danke al kiu ni faris esploron de la evoluado rilate al tiu memstara uzado de la afiksoj.

5 Progreso de la memstara uzo

Por esplori la memstaran uzon de la afiksoj, ni konsideris la 41 bazajn afiksojn, kaj ni unue esploris la frekvencon de la afiksoj en ilia ordinara pozicio, t.e. kiam ili estas uzataj kiel deriviloj.

Tiu pozicio estas ĉe la komenco de vorto se temas pri prefiksoj, kaj fine de la vorto (ĵus antaŭ la finaĵo) se temas pri sufiksoj. Poste ni konsideris tiujn afiksojn kiam ili estas memstare uzataj, do kiam ili aperas sen alia vort-elemento krom la aldono de la gramatikaj finaĵoj.

Por tiu esploro ni uzis la korpuson "Tekstaro" (Wennergren 2025). Laŭ praktika vidpunkto ni konsideris kvar simile longdaŭrajn periodojn, kun daŭro de 30 jaroj:

(1) la unua periodo de 1887 ĝis 1917;
(2) la dua periodo de 1918 ĝis 1948;
(3) la tria periodo de 1949 ĝis 1979;
(4) la kvara periodo de 1980 ĝis 2010.

La rezulto de tiu esploro konfirmas klaran evoluon de la memstara uzo de la afiksoj.

La nombro de aperoj regule kreskas de unu periodo al la sekvanta: la nombro de aperoj (por unu miliono da vortoj) estas ĉ. 57 memstare uzataj afiksoj dum la unua periodo (de 1887 ĝis 1917), ĉ. 88 aperoj dum la dua periodo, ĉ. 105 aperoj dum la tria periodo, kaj ĉ. 110 dum la kvara periodo.

Inverse la derivila uzo de la afiksoj estas pli malpli stabila. Notindas nur iom malpli da uzo dum la tria periodo, kiun povus eble klarigi la enkonduko de multaj neologismoj dum tiu periodo, kiu malpliigis la uzon de derivaĵoj. Ĉiukaze, la proporcio (t.e. procentaĵo de memstara uzo kompare al la derivila uzo de afiksoj) ankaŭ prezentas klaran evoluon : 2,54 % dum la unua periodo ĝis 4,88 % dum la lasta periodo.

Nombro de aperoj (/ miliono da vortoj)	Memstara uzo de la afiksoj	Derivila uzo de la afiksoj	Proporcio (memstara // derivila)
1887-1917	57,22	2197,28	2,54 %
1918-1948	88,87	2191,23	3,90 %
1949-1979	105,73	1971,82	5,09 %
1980-2010	110,43	2152,17	4,88 %

Tabelo 5: Ĝenerala evoluo kaj proporcio de la memstara uzo de la afiksoj

Se oni rigardas pli detale tiun evoluon, oni povas rimarki, ke ĉiuj afiksoj ne sekvas saman evoluon. Do temas ĉi tie pri ĝenerala evoluo de la lingvo, kvankam tiu aŭ tiu alia afikso povas evolui malsame. Pro tio ni rapide prezentos kelkajn ekzemplojn de afiksoj, por montri kiel tio povas evolui.

Antaŭ ol konsideri la memstaran uzon de la afiksoj, oni unue konsideru la derivilan uzon de la afiksoj. Kiel tiuj evoluas kiel ordinaraj iloj por formi derivaĵojn? Tabelo 6 donas kelkajn ekzemplojn.

/ miliono da vortoj	-end	-ebl	-ar	eks-	-um	-uj	-in	-iĝ	-aĵ
1887-1917	0	1387	1781	47	621	937	7634	9540	4118
1918-1948	50	1761	2102	81	606	619	5937	9559	3535
1949-1979	70	1798	3766	163	646	402	3246	8896	4041
1980-2010	165	2444	3935	171	1092	426	2124	8963	3900

Tabelo 6: Ekzemploj de evoluado por la derivila uzo de la afiksoj

Oni konstatas progreson por afiksoj kiel *-end* (kiu aperis inter la du mondmilitoj), kaj ankaŭ por *-ebl*, *-ar*, aŭ *eks-*. Pri aliaj afiksoj estas iu evoluo, kiu okazis malfrue, ekzemple *-um* vere evoluis nur dum la kvara periodo.

Aliflanke kelkaj afiksoj malpli ofte aperas. Klara ekzemplo de tio estas la sufikso *-uj*, kiu malpli ofte estas uzata por la landnomoj (kiuj pli ofte ricevas nun la sufikson *-io*). Alia ekzemplo estas la sufikso *-in*, unue pro tendenco ne indiki la in-sekson en la derivaĵoj, tendenco kiu probable konfirmiĝos pro la apero de novaj afiksoj kiel *-iĉo*. Fine estas afiksoj, kiuj ne prezentas klaran evoluon, ekzemple *-iĝ* aŭ *-aĵ*. Fakte, tiuj sufiksoj rilatas al la strukturo de la verbo, kaj ŝajne ne estas grava evoluo ĉi-rilate.

Nun ni konsideros la situacion pri la memstara uzo de la afiksoj.

Kompreneble estas ĝenerala tendenco al pli ofta uzado, sed se oni rigardas pli detale la rezultojn, povas esti kelkaj diferencoj inter la afiksoj. Tabelo 7 montras kelkajn ekzemplojn.

/ miliono da vortoj	-ad	-an	-eg	-et	-em	-ebl	-iĝ	-estr	re-
1887-1917	0,00	23,71	3,39	26,25	12,28	934,9	0,42	246,42	229,07
1918-1948	3,91	47,86	75,20	181,66	114,27	1416,1	248,07	104,50	303,74
1949-1979	7,42	78,70	111,37	187,11	164,83	1297,9	250,96	92,07	65,34
1980-2010	12,30	87,06	215,81	228,50	159,89	1426,1	239,45	101,66	64,38

Tabelo 7: Ekzemploj de evoluado por la memstara uzo de la afiksoj

La progreso povas esti videbla dum ĉiuj kvar periodoj. Tio estas klare videbla por la sufiksoj -ad, -an, -eg kaj -et. Tamen, kelkaj afiksoj montras evoluon nur dum unu aŭ alia periodo, kiu kvazaŭ funkcias kiel grada ŝtupo, ekde kiam la memstara uzo estas stabila. Ekzemple tio estas videbla por -em (stabileco ekde 1949), aŭ por -ebl kaj -iĝ (kiuj fariĝas relative stabilaj jam ekde la dua periodo). Fine oni observas malprogreson aŭ malrapidiĝon por kelkaj afiksoj, ekzemple por -estr (malpli uzata memstare), aŭ por re- (kies memstara uzo falas ekde la tria periodo, kun stabila frekvenco en la kvara).

Tiuj ŝajnaj esceptoj ne modifas la ĝeneralan situacion: la memstara uzo de la afiksoj forte plioftiĝis. Kaj tio estas aparte grava, ĉar ĝis nun ni ne aldonis alian memstaran uzon de la afiksoj, kio estas la uzo de afiksoj kiel bazo de derivaĵoj. Tiuj kompleksaj memstaraj derivaĵoj estas interesa disvolviĝo de tiu fenomeno. Jen kelkaj ekzemploj por ilustri tiun fenomenon (ekzemploj 7 ĝis 10).

7. - Mia *etulo*, ne temas plu pri la vulpo! (La Eta Princo 1961)
8. La dua UK en Japanio estis do pli multnombra ol la unua, kiu okazis en Tokio en 1965 kaj *arigis* 1710 aliĝintojn. (Revuo Esperanto 2002-2007)
9. La *malebleco* akiri la kvantojn de fendebla materialo necesajn por fabriki eksplodaĵon, estis longtempe la plej bona garantio ke ŝtato respektu siajn politikajn engaĝiĝojn. (Le Monde diplomatique en Esperanto 2005-2007)
10. La demisio de Nikola Rašić (...) igis eksredaktoron de Esperanto István Ertl kaj *eksestraranon* Kalle Kniivilä fondi interretan gazeton Libera Folio. (Revuo Esperanto 2002-2007)

Verdire tiuj formoj estas malfacile esploreblaj per la rimedoj de *Tekstaro*. Oni facile povas supozi, ke ili probable ankaŭ plioftiĝis iom post iom, pro tio ke la afikso unue fariĝas memstara radiko (*eta, aro, ebla, estro*), kaj nur poste povas ricevi aliajn afiksojn (*estro > estraro > estrarano > eksestrarano*). Do la frekvenco de *estro* ŝajne maloftiĝas, sed samtempe multobliĝas diversaj derivaĵoj de *estro* (*estraro, estrarano*...), kaj tiuj derivaĵoj ne aperas en la nuna statistika esploro.

Kial tiu manko? Fakte, oni povas senprobleme identigi afiksojn unuope uzatajn, sed se ili kombiniĝas, ili aperas kiel ordinaraj (derivilaj) elementoj. Do *eksestraranon* estas analizata kiel apero de prefikso *eks-* kaj apero de sufikso *-an*, sed ne kiel memstara uzo de la afikso *-estr-*. Por identigi tiun, necesus eltrovi ĉiujn eblajn kombinojn baze de ĉiu afikso, kio estas ege postulema tasko. Certe tio estas ĝis nun manko de la nuna esploro, sed oni povas opinii, ke la ĝeneralaj rezultoj, kiuj estas ĉi tie prezentitaj, ne estos profunde kontraŭdiratoj de pluaj esploroj.

6 Konkludo kaj esploraj perspektivoj

Konklude gravas substreki la demandon pri evoluo de la lingvo Esperanto. Tio estas serioza afero, ĉar vivanta lingvo estas evoluiĝanta lingvo. Tamen, evoluo ne signifas malkohereco aŭ disdialektiĝo. La afero ĉi tie estas, ke Esperanto evoluas rilate al la memstara uzo de la afiksoj konforme al la interna sistemo de la lingvo, kiu dekomence ebligis tian evoluon. Nun post pli ol 130 jaroj da uzado de la lingvo, ni povas retrorigardi tiujn evoluojn kaj esplori kiel Esperanto jam evoluis.

Aliflanke, oni ne pritraktis ĉi tie alian gravan aspekton de tiu memstara uzo de la afiksoj, nome la semantika aspekto de la afero. Fakte, se novaj radikoj aperas pro tiu memstara uzo (ekzemple: *aro, eta, eki, eco, ejo*...), ili fariĝas konkurencaj formoj apud jam ekzistantaj vortoj, tiel ke *aro* estas kvazaŭ sinonimo de *grupo*, *eta* fariĝas sinonimo de *malgranda*, *eki* estas sinonimo apud *komenci*, *eco* apud *kvalito*, *ejo* sinonimo de *loko*... Sed ne ekzistas perfektaj sinonimoj. Sinonimoj similas nur parte, kaj necesas konscii pri la diferencoj, kiuj plu ekzistas. Kompreneble, se tiuj diferencoj ne sufiĉas, la du sinonimoj fariĝas redundaj, kaj normale unu el ili malaperas, pro tio ke ĝi fariĝas superflua. Sed se ili estas ambaŭ plu uzataj, oni devas supozi, ke ĉiu el ili havas propran karakteron. Pli precize tio signifas, ke *aro* ne estas simpla *grupo* (kaj pro tio, *vortaro* ne estas simpla grupo da vortoj, kaj *homaro* ne estas simpla grupo da homoj). Simile *eta* ne estas perfekta sinonimo de *malgranda*, kaj *eki* ne estas *komenci*; *eco* ne estas sinonimo de *kvalito*, kaj *ejo* ne estas simpla *loko*.

Tio ŝajnas hipotezo plu esplorinda en la estonteco. La apero de tiuj memstaraj formoj plifaciligas la komparon kun proksimaj sinonimoj, kaj oni povus same esplori la diferencon, kiu ekzistas inter la afiksoj kaj la ofte uzataj vortoj per kiuj oni ĝenerale provas klarigi ilian signifon kaj funkciadon.² La evoluo de la memstaraj afiksoj tiel havas tiun kromefikon, ke ili ebligas pli ĝustan komprenon de la signifo de la derivilaj afiksoj kaj de ilia funkciado en la sistemo de la lingvo Esperanto. Ankaŭ per tiu vojo Esperanto pliriĉiĝas kaj fariĝas pli natura danke al la efiko de lingva evoluo.

Bibliografio

Blanke, Detlev. 1985. *Internationale Plansprachen: eine Einführung* (Sammlung Akademie-Verlag 34 Sprache). Berlin: Akademie-Verlag.
http://d-nb.info/1206055073/34 (04.05.2025)

Brosch, Cyril. 2007. Kia lingvo estas Esperanto laŭ tipologia vidpunkto? Studlaboraĵo Poznań: Interlingvistikaj Studoj, Universitato Adam Mickiewicz.
http://www.cyrilbrosch.net/wb/media/ese_eg_4.pdf (02.03.2025)

Dasgupta, Probal. 2021. "Pri eteta problemo en la Esperanta morfologio." *Esperantologio / Esperanto Studies* 10: 9–23. https://doi.org/10.59718/ees29814

de Saussure, Ferdinand. 1916. *Cours de linguistique générale*, kritika eldono, redaktis Tullio de Mauro, 1995. Paris: Payot & Rivages. – traduko al Esperanto de Fernando Pita. 2022. *Kurso de ĝenerala lingvistiko*. La-Chaux-de-Fonds: LF-koop.

Dols Salas, Nicolau. 2012. "Phonology, morphology and the limits of freedom in an artificial language." En *Język Komunikacja Informacja / Language Communication Information*, redaktis Ilona Koutny kaj Piotr Nowak, vol. 7: 37–52. Poznań: Rys.
https://wydawnictworys.com/media/products/964b533657cbd87ca977ae6c2f100a32/attachments/pl_PL/spis-tresci.pdf (04.05.2025)

Duc Goninaz, Michel. 1988. "Planification et régularité(s): quelques réflexions sur l'espéranto." *Travaux du Cercle Linguistique d'Aix-en-Provence* 6: 79–91.

Fiedler, Sabine kaj Cyril Robert Brosch. 2022. *Esperanto – Lingua Franca and Language Community* (Studies in World Language Problems 10). Amsterdam/Philadelphia: Benjamins. https://doi.org/10.1075/wlp.10 (04.05.2025)

Gledhill, Christopher. 2000. *The Grammar of Esperanto. A Corpus-based Description* (Languages of the World / Materials 190). München: Lincom Europa.

---

2   Tiu demando estis klare identigata jam de Gledhill (2000). Estontaj esploroj pri tiuj diferencoj inter memstaraj formoj kaj ties sinonimoj espereble povus alporti klarigojn pri la utileco de tiu fenomeno de memstareco de la afiksoj en la lingva sistemo de Esperanto.

Kiselman, Christer. 2011. "Variantoj de esperanto iniciatitaj de Zamenhof." *Esperantologio / Esperanto Studies* 5: 79–149.
https://www.cb.uu.se/esperanto/ees5.pdf

Koutny, Ilona. 2015. "A typological description of Esperanto as a natural language." En *Język Komunikacja Informacja / Language Communication Information*, redaktis Ilona Koutny, vol. 10: 43–62. Poznań: Rys.
https://wydawnictworys.com/media/products/ad5b2e0fa12b-6169bcd7b95040b1a6f2/attachments/pl_PL/spis-tresci.pdf (04.05.2025)

Koutny, Ilona. 2018. "De la planlingvo de Zamenhof ĝis nature disvolviĝanta lingvo: etapoj de la evoluo de Esperanto." En *Ludwik Zamenhof. Okaze de la centa datreveno de la morto. Aktoj de la kunveno Romo, 11 dicembro 2017*, 89–98. Roma: Accademia Polacca delle Scienze, Biblioteca e Centro di Studi a Roma.
http://interl.home.amu.edu.pl/interlingvistiko/IlonaK_De_planlingvo_gxis_natura_2017.pdf (04.05.2025)

Kramer, Markos. 2014. "Esperanto kaj sekso." *Lingva Kritiko. Studoj kaj notoj pri la Internacia Lingvo. Esperantologio Interreta.*
http://lingvakritiko.com/2014/10/16/esperanto-kaj-sekso/ (02.03.2025)

Lo Jacomo, François. 1981. *Liberté ou autorité dans l'évolution de l'espéranto*. Doktoriga disertacio. Parizo: Universitato Parizo V.

Mattos, Geraldo. 1987. *La deveno de Esperanto*. Chapecó: Fonto.

Planchon, Philippe. 2021. "Diakronio kaj evolu-fazoj de la leksiko kaj de la vort-farado en Esperanto." *Internacia Pedagogia Revuo* 51, kajero 4: 39–49.

Waringhien, Gaston. 1959. *Lingvo kaj vivo*. Antverpeno/La Laguna: Stafeto.

Waringhien, Gaston. 1980. *1887 kaj la sekvo...* La Laguna: Stafeto.

Wells, John. 1989. *Lingvistikaj aspektoj de Esperanto*. Rotterdam: Universala Esperanto-Asocio.

Wennergren, Bertilo. 2024. *Plena Manlibro de Esperanta Gramatiko*. Partizánske: E@I La Ranetoj.
https://www.bertilow.com/pmeg (02.03.2025)

Wennergren, Bertilo. 2025. *Reta Korpuso « Tekstaro »*. Projekto iniciatita kaj financata de Esperantic Studies Foundation ekde 2002.
https://tekstaro.com (datum-esploro laŭ la versio disponebla je 13.06.2024)

Zamenhof, Ludwik Lejzer. 1887. *Международный языкъ. Предисловіе и полный учебникъ* (Lingvo Internacia. Antaŭparolo kaj Plena Lernolibro). Varsovio: Ĥaim Kelter [presejo].

Pri la aŭtoro

Philippe Planchon estas asocia profesoro en la universitato de Tours. Li estas membro de la Liĝera Lingvistika Laboratorio (UMR 7270). Liaj esplor-kampoj estas lingvistiko de Esperanto kaj de la konstruitaj lingvoj, konstruado de la signifoj kaj leksika semantiko, kadre de la teorio de la enunciativo.

Retadreso: philippe.planchon@univ-tours.fr

About the author

Philippe Planchon is an associate professor in linguistics at the university of Tours. He is a member of the Loire Linguistics Laboratory (UMR 7270). His research focuses on the linguistics of Esperanto and constructed languages, the construction of meaning and lexical semantics, in the framework of the theory of enunciation.

Sur l'auteur

Philippe Planchon est maître de conférences à l'université de Tours. Il est membre du Laboratoire Ligérien de Linguistique (UMR 7270). Ses domaines de recherche portent sur la linguistique de l'espéranto et des langues construites, la construction du sens et la sémantique lexicale, dans le cadre de la théorie de l'énonciation.

On the development of affixes and their use as independent items in Esperanto

Abstract: Despite the fact that Esperanto was originally conceived as a language project, it has evolved into a living language for its community of speakers. The use of an extensive system of affixes in Esperanto could be seen as a symptom of its artificial origin. However, from an etymological perspective, Esperanto borrowed its affixes from natural languages, essentially from Indo-European. Yet the autonomous use of affixes in Esperanto presents some original characteristics. This leads us to analyse how affixes operate in Esperanto, in particular from a diachronic perspective. To achieve this, we conduct a survey of how affixes have evolved in the *Tekstaro* corpus, looking at derivational forms compared with autonomous use. The development of this system can offer insights into the linguistic processes involved in a language like Esperanto, which, after a significant period of time, is now in the process of becoming a natural language.

Keywords: Affixes; Diachronic development; Esperanto; Independent affix usage

Évolution des affixes et de leur emploi autonome en espéranto

Résumé: Bien que l'espéranto ait été conçu à l'origine comme un projet de langue, il s'est développé jusqu'à devenir une langue vivante pour sa communauté de locuteurs. L'utilisation d'un riche système d'affixes en espéranto pourrait être vu comme le symptôme d'une origine artificielle. Cependant, d'un point de vue étymologique, il s'avère que l'espéranto a emprunté ses affixes à des langues naturelles, principalement des langues indo-européennes. Pourtant, un problème surgit lorsqu'on considère l'emploi autonome qui peut être fait de ces affixes, parce que cet emploi semble quelque peu inhabituel. Cela nous conduit à nous intéresser au système des affixes de l'espéranto en examinant son fonctionnement dans une perspective diachronique. Cette étude est basée sur le corpus *Tekstaro*, et procède par une comparaison entre les usages dérivationnels et autonomes de ces affixes. L'évolution de ce système permet d'éclairer plus en profondeur les processus linguistiques qui se trouvent impliqués par une langue comme l'espéranto, laquelle tend à devenir une langue naturelle après une période de temps significative.

Mots-clés: affixes; développement diachronique; espéranto; usage indépendant des affixes

Bernd Krause

Inter armea lingvo kaj lingvo de paco
Observoj pri la uzado de Volapuko kaj Esperanto en la Duobla Monarkio de Aŭstrio-Hungario

Resumo: En dokumenta filmo pri la tronheredontoj Vilhelmo de Hohencolerno (1859–1941) kaj Rudolfo de Habsburgo (1858–1889), publigita en la jaro 2022, estas menciite, ke Rudolfo revis pri unuiĝinta Eŭropo kun Esperanto kiel oficiala lingvo. Konsiderante la plej gravajn fontojn (proprajn verkojn kaj leterojn de Rudolfo) kaj ankaŭ biografiajn studojn, oni povas pruvi, ke tiu aserto estas malvera. Sed Rudolfo temigas la armean lingvon de Aŭstrio-Hungario, la lingvon de la militistaro, en kiu ordonoj estis donitaj kaj raportoj estis peritaj. Tio estis la germana. Multaj soldatoj en la diversnacia ŝtato, kiuj nur regis siajn proprajn gepatrajn lingvojn, ne komprenis ĝin. Por kontraŭstari la problemon, Volapuko kaj Esperanto estis konsiderataj kiel eblaj armelingvoj. En 1920, post la dissolvo de Aŭstrio-Hungario, eĉ estiĝis vizio pri estonta unueca ŝtato de Mezeŭropo, en kiu Esperanto estus konstante uzata kiel sola lingvo, inkluzive kiel la armea lingvo de la unuiĝintaj armitaj fortoj.

Ŝlosilvortoj: armea(j) lingvo(j), Volapuko kaj Esperanto en Aŭstrio-Hungario, unuiĝinta Eŭropo

1 Arkiduko Rudolfo kaj lia vizio

La 20-an de decembro 2022 en la Aŭstria Televido (ORF 2) kaj la 5-an de aŭgusto 2023 en la franc-germana televidkanalo *arte* estis elsendita tre interesa germanlingva dokumenta filmo "Vilhelmo kaj Rudolfo, la malamikaj princoj".[1] La 50-minuta filmo esploras la probleman rilaton inter la juna Kronprinco Vilhelmo, la estonta estro de la Germana Imperio, Vilhelmo la 2-a, de la dinastio de Hohencolerno (Wilhelm von Hohenzollern, 1859–1941) kaj la samaĝa elektita heredonto de la aŭstra trono, Kronprinco Rudolfo de Habsburgo (Rudolf von Habsburg). La evoluo de ambaŭ princoj estas komparata en la dokumenta filmo – kaj iam oni diras pri Rudolfo: "Li revas pri unuiĝinta Eŭropo, kun Esperanto kiel oficiala lingvo."[2] Verŝajne ankoraŭ hodiaŭ tiuj vortoj ŝveligas la koron de unu aŭ alia Esperanto-parolanto. Sed kio precize estas la vero malantaŭ ĉi tiu konstato?

---

1 "Wilhelm und Rudolf, die verfeindeten Prinzen" (Bilgeri kaj Fegerl 2022).
2 "Er träumt von einem vereinigten Europa, mit Esperanto als Amtssprache." (Bilgeri kaj Fegerl 2022, ĉirkaŭ minuto 23:45).

Rudolfo, Kronprinco de Aŭstrio kaj Hungario, estis filo de imperiestro Franco Jozefo (Kaiser Franz Joseph I.) kaj ties edzino Elizabeto (Elisabeth, "Sisi"). Kiel princo de la Habsburgoj, li portis la titolon de arkiduko. Naskita en 1858, la princo havis infanaĝon komence markitan de senkompata armea ekzercado, sed ampleksa eduka programo malkovris diversajn interesojn, inkluzive de scienco, teknologio, religio kaj politiko. Rudolfo baldaŭ evoluigis siajn proprajn ideojn, sed ili ne estis rekonitaj de lia rezoluta patro, kiu siaflanke devigis la edziĝon de sia filo al Stefanino (Stephanie), Princino de Belgio, en 1881. Post malsano kaj internaj geedzaj problemoj, Rudolfo mortis la 29-an/30-an de januaro 1889 per memkulpa pafo en la kapon; la precizaj cirkonstancoj de lia morto ankoraŭ ne estis plene klarigitaj. Lia amantino, Mario (Marie, nomita "Maria") Vetsera (1871–1889), forpasis kun li.[3]

La filmcitaĵo efektive enhavas kernon de vero, formulitan kaj legeblan en la politika memorando de Rudolfo el 1886 kun la sufiĉe senkulpa titolo "Skizoj el la aŭstria politiko de la lastaj jaroj".[4] Sed la verko estis publikigita anonime kaj en ege malgranda eldonkvanto – ses aŭ dek ekzempleroj, kiuj estis detruitaj tuj post publikigo laŭ la ordono de la kronprinco mem (kp. Hamann 1979, 439 piednoto 26). Tiu ĉi studo ne povus havi gravan efikon tiutempe.

Pri la enhavo: La tria sekcio temas ĉefe pri la hungara parto de la duobla monarkio dividita post la kompromiso de 1867, la diversaj "nacioj" tie loĝantaj kaj iliaj intencoj. Hungaroj, serboj, rumanoj, slovakoj, kroatoj, rutenoj[5] – "ĉi tiu neklarigebla kaoso, ĉi tiu raguto de nacioj"[6] – devas esti misiitaj kaj transformitaj. La antaŭkondiĉo estas la subpremado de la ideo de tutslavismo elvenanta el Rusio, por ke la popoloj povu "pretiĝi por serioza kultura laboro, por la serĉado de vera edukado, por pligrandigo de materiala bonfarto".[7] Rudolfo daŭrigas:

> Um aber der Europäisierung und Kultivierung aller dieser Gebiete wirksam zu helfen, müßte eine Sprache, die allen verständlich, als Armeesprache und als obligater Lehrgegenstand in den höheren Schulen eingeführt werden. Falls bis dahin eine Weltsprache erfunden wäre und sich Eingang unter den gebildeten Völkern verschafft hätte, würde man wohl daran tun, diese zu wählen, um Niemanden zu bevorzugen, doch wenn dies nicht der Fall ist, dann hat wohl die deutsche Sprache,

---

3 Pri la biografio de Rudolfo kp. Hamann (1978/1997, 2005), Thiele (2008).
4 "Skizzen aus der österreichischen Politik der letzten Jahre", kompleta teksto en: Hamann (1979, 143–177); ankaŭ en: Mitis (1928/1971, 280–311).
5 La termino "rutenoj", uzata plurfoje de Rudolfo (germane: "Ruthenen"), estas simpliga esprimo por la orientslavaj loĝantargrupoj en la imperio, precipe por ukrainoj, galicianoj kaj volinianoj, same kiel por la loĝantoj de la suda parto de la tiel nomata "Malgranda Pollando".
6 "dieses unerklärliche Chaos, dieses Ragout von Nationen" (cit. laŭ Hamann 1979, 171).
7 "zur ernsten Kulturarbeit, zum Streben nach wahrer Bildung, zum Aufschwung im materiellen Wohlbefinden sich anschicken" (Hamann 1979, 172).

als die wortreichste, kultivierteste, die eine Fülle von Wissen und Literatur aufzuweisen imstande ist, am meisten Recht, diesen Platz als Armee- und Kultursprache in der alten Monarchie und in dem von ihr abhängigen Oriente einzunehmen. Und ein Verständigungsmittel ist zur Ausbreitung geistiger und materieller Kultur unbedingt notwendig, denn es kann sich nicht der Verkehr, den die aufblühende Bildung und die Handelsverbindungen mit sich bringen, in wenigstens elf verschiedenen Sprachen durchführen lassen. (Hamann 1979, 173)

(Sed por efike helpi la eŭropiĝon kaj kultivadon de ĉi ĉiuj teritorioj, lingvo komprenebla por ĉiuj devus esti enkondukita kiel armea lingvo kaj kiel deviga lernobjekto en superaj lernejoj. Se mondlingvo estus tiam elpensita kaj akceptita inter la edukitaj popoloj, oni prefere elektus ĝin por favori neniun, sed se tiel ne estas, do la germana lingvo, kiel la plej vortplena, la plej kultivita, kapabla elmontri riĉecon da scio kaj literaturo, plej rajtas preni ĉi tiun lokon kiel la lingvo de la armeo kaj kulturo en la malnova monarkio kaj en la Oriento dependanta de ĝi. Kaj komunikilo estas nepre necesa por la disvastigo de la intelekta kaj materia kulturo, ĉar la komunikado, kiun kunportas florantaj edukado kaj komercaj ligoj, ne povas esti efektivigita en almenaŭ dek unu diversaj lingvoj.)

La vizio de Rudolfo ĉi tie ne rilatas al unuiĝinta Eŭropo, kiel menciite en la filmo, sed nur al la Habsburga Imperio, precipe ĝiaj partoj "en la Oriento". Por pragmataj celoj, "mondlingvo" povus esti utila – sed ankaŭ kiel armea lingvo, kio sugestas perspektivon malpli (tut)eŭropan ol naciisman. Ĉi tio validas ankaŭ pri la prefero de la germana kiel provizora krizosolvo. Sed aliloke, en letero al sia amiko Julius Szeps, datita la 26-an de julio 1882, Rudolfo pli klare esprimas sin rilate al "ideoj pri egaleco de ĉiuj nacioj, de kosmopolitismo":[8]

Ich halte die Nationalitäten- und Rassenfeindschaften für einen großen Rückschritt, und bezeichnend genug ist es, daß eben alle die fortschrittsfeindlichen Elemente Europas am meisten diesen Prinzipien huldigen und dieselben ausbeuten. (cit. laŭ Szeps 1922, 14)

(Mi konsideras naciajn kaj rasajn malamikecojn kiel gravan malprogreson, kaj estas sufiĉe tipe, ke ĉiuj kontraŭprogresaj elementoj de Eŭropo plej aliĝas al tiuj principoj kaj ekspluatas ilin.)

Ĉi tie oni parolas pri Eŭropo, sed ne pri unuiĝo aŭ eĉ pri komuna lingvo.

Kvar jarojn poste, en decembro 1886, kadre de konversacio kun George Clemenceau (1841–1929), la influa socialisto kaj posta ĉefministro de Francio, Rudolfo denove parolis pri ĉi tiu fakto:

Der Staat der Habsburger hat längst, wenn auch in Miniaturform, Victor Hugos Traum der "Vereinigten Staaten von Europa" verwirklicht. Österreich ist ein Staatenblock verschiedenster Nationen und verschiedenster

---

8 "Ideen der Gleichheit aller Nationen, des Kosmopolitismus" (cit. laŭ Szeps 1922, 14).

Rassen unter einheitlicher Führung. Jedenfalls ist das die grundlegende Idee eines Österreich und es ist eine Idee von ungeheuerster Wichtigkeit für die Weltzivilisation. (cit. laŭ Hamann 2005, 206)

(La ŝtato de la Habsburgoj [...] jam delonge realigis, kvankam en miniatura formo, la revon de Victor Hugo pri "Unuiĝintaj Ŝtatoj de Eŭropo". Aŭstrio estas bloko de ŝtatoj de diversaj nacioj kaj diversaj rasoj sub unueca gvidado. Ĉiukaze tio estas la fundamenta ideo de Aŭstrio kaj ĝi estas ideo de grandega graveco por la monda civilizo.)

Ĉi tie evidentiĝas, de kiu originas la ideoj de Rudolfo, nome de la verkisto Victor Hugo (1802–1885); tiu jam formulis siajn ideojn por eŭropa unuiĝo bazita sur german-franca partnereco en 1842 (Hugo 1845, vol. 3, 229–236).[9] Rudolfo konsideris kunlaboron kun la okcidentaj demokratioj de Eŭropo kiel esenca por atingi tiun celon. Do la revo pri unuiĝinta Eŭropo ekzistis.

Evidentas, ke Rudolfo en la cititaj fragmentoj ne mencias Esperanton: La lingvo de Zamenhofo ekestis nur en 1887, jaron post la verkado de la memorando kaj tiel kompreneble ankaŭ post la aliaj deklaroj el 1882 kaj 1886. La Kronprinco povis maksimume havi scion pri la sukcesplena Volapuko, ekzistanta de 1879, sed ankaŭ tio ne estas menciata. Krome, ŝajnas sufiĉe neverŝajne, ke Rudolfo havis kontakton al Esperanto pli poste. Inter la apero de la "Unua Libro" kaj la morto de Rudolfo pasis malpli ol du jaroj, kaj Esperanto nur relative malfrue disvastiĝis en Aŭstrio: La unua grupo formiĝis en Brno en 1901. Krome, Rudolfo jam pensis pri sia morto dum tiuj ĉi jaroj: Jam en la somero de 1888, en sia persona ĉirkaŭaĵo li esprimis detalajn pensojn pri sia memmortigo; ŝajnas sufiĉe neverŝajne, ke la kronprinco ankoraŭ lernis novan lingvon dum tiu ĉi tempo.

Ne eblas tute ekskludi, ke Rudolfo sciis pri Esperanto, ekzemple per la multnombraj diplomatiaj kontaktoj, kiujn li havis. Tamen restas neklare kiel estiĝis la aserto, ke Rudolfo pensis pri "Esperanto kiel oficiala lingvo". Male al multaj aliaj asertoj aŭdeblaj en la dokumenta filmo, la Esperanta citaĵo ne sonas personecigita: Ĝin eldiras ne unu el la gesciencistoj (Frank Lorenz Müller, Ulrich Schlie, Brigitte Boothe), kiuj parolas kaj ankaŭ videblas en la dokumentaĵo, sed la neŭtrala, nevidebla parolantino de la filmo, Eszter Hollósi. La plej verŝajna aŭtoro de la citaĵo estas Katrin Unterreiner, kiu en la tuja kunteksto parolas pri la manko de antaŭvido kaj la neekzistantaj vizioj de imperiestro Franco Jozefo – la vizioj kiujn lia filo Rudolfo evoluigis. Cetere, sekvante la aserton pri Esperanto interalie la eltiraĵo el la supre citita letero el 1882 estas legata – per vira voĉo, kiu supozeble reprezentu la kronprincon mem.

---

9 "L'union de l'Allemagne et de la France, ce serait [...] le salut de l'Europe, la paix du monde." (Hugo 1845, 236) (La unuiĝo de Germanio kaj Francio estus la savo de Eŭropo, la paco de la mondo).

2 La problemo de la armea lingvo en Aŭstrio-Hungario

Verŝajne kronprinco Rudolfo ne sciis pri Esperanto. Sed li traktis alian temon, kiu post lia morto kondukis al la "lingvo internacia" – kaj ankaŭ al la ideo de unuiĝinta Eŭropo: la problemaro de la tiel nomata armea aŭ komanda lingvo. Ĉi tiu estis aparte grava afero en la diversnacia ŝtato Aŭstrio-Hungario (por detala kaj ampleksa priskribo kp. Scheer 2022). Tie, la komandantaj oficiroj ĝenerale uzis la germanan lingvon, dum suboficiroj kaj taĉmentoj ofte nur parolis sian gepatran lingvon, ekzemple la hungaran, la boheman (ĉeĥan), la kroatan, la italan ktp. (vidu la mapon). Tio kaŭzis komunikajn problemojn kiam ordonoj devis esti pasigitaj de supre malsupren, kaj kiam raportoj estu komunikataj en la alia direkto. Eĉ se trupoj el diversaj partoj de la lando devus kunlabori, malfacilaĵoj estiĝis, ekz. kiam "individuaj rajdantoj estas aldonitaj al infanteriaj patroloj [...] por la raportservo [...]".[10]

Bildo 1: Mapo montranta la diversajn naciojn kaj ties lingvojn en Aŭstrio-Hungario en la jaro 1910 (Bevölkerungsgruppen s. j.]. Por simila mapo kp. Jaksch (1958, anekso).

---

10 "Beigabe einzelner Reiter zu Infanterie-Patrouillen [...] behufs des Meldungsdienstes [...]." (H. v. M. 1871, 665).

Traduko de klarigoj:

Deutsche = germanoj; Ungarn = hungaroj; Tschechen = ĉeĥoj; Slowaken = slovakoj; Polen = poloj; Ukrainer = ukrainoj; Slowenen = slovenoj; Kroaten, Serben = kroatoj, serboj; Rumänen = rumanoj; Italiener, Ladiner = italoj, ladinoj

Landnomoj en la kolorigita parto de la mapo (en alfabeta ordo):

Banat = Banato; Böhmen = Bohemio; Bosnien = Bosnio; Bukowina = Bukovino; Dalmatien = Dalmatio; Galizien = Galicio; Kärnten = Karintio; Kroatien-Slawonien = Kroatio-Slavonio; Mähren = Moravio; Österreich = Aŭstrio; Schlesien = Silezio; Siebenbürgen = Transilvanio; Tirol = Tirolo; Ungarn = Hungario

La landnomoj en la nekolorigita parto (en alfabeta ordo):

Bulgarien = Bulgario; Deutsches Reich = Germana Imperio; Italien = Italio; Montenegro = Montenegro; Rumänien = Rumanio; Russisches Reich = Rusa Imperio; Serbien = Serbio

La problemo de la nur limigita ebleco transdoni ordonojn kaj raportojn estis la temo de multaj artikoloj en la ĝenerala ĉiutaga gazetaro, same en fakaj armeaj publikaĵoj, longe antaŭ la tempo de Rudolfo. En 1851 ekzemple, estis dirite, ke, kvankam eblas pruvi, ke estas "por la oficiroj la plej alta ebla sekureco en la germana lingvo",[11] la suboficiroj kiuj venas el la konsistigaj nacioj de la ŝtato ofte komprenas nenion pri tio kaj komunikas kun siaj taĉmentoj en sia propra regimenta lingvo, kiu siaflanke de la oficiroj estas nur malofte komprenita (Anonimulo 1851). La rezulta sekvo estis: "Armea lingvo! Armea lingvo! Armea lingvo! almenaŭ por la suboficiroj!".[12] Tion ne ŝanĝis diversaj dekretoj, en kiuj oni plurfoje faris koncedojn al unuopaj konsistigaj nacioj en la aŭstrio-hungaria ŝtata asocio, ekzemple jam en 1867 kadre de la Aŭstria-Hungaria Kompromiso, en kiu la hungara lingvo estis akceptita kiel egalvalora oficiala lingvo.[13]

Kvankam la germana lingvo estis rigardata kiel la "gluo de Aŭstrio",[14] la hungara estis konservita kiel la armelingvo en la hungara parto de la Duobla Monarkio. La lingvaj kondiĉoj en la armeo de Aŭstrio-Hungario povas esti simpligitaj jene (laŭ Roda Roda 1903, 397): La armeo kaj la mar-armeo estis komunaj unuoj, t. e. kun kaj aŭstra kaj hungara personaro; la oficiala lingvo estis la germana. Ekzistis ankaŭ la aŭstraj teraj trupoj ("Landwehr"),

---

11 "für die Offiziere die höchstmögliche Sicherheit in der deutschen Sprache" (Anonimulo 1851).
12 "Armeesprache! Armeesprache! Armeesprache! wenigstens für die Unteroffiziere!" (H. v. M. 1871).
13 Kp. pri ĉi tio Schiemann (1906, 189), kie estas menciita "die unlösbare Frage der Armeesprache als Kern der Gegensätze" (la nesolvebla problemo de la armea lingvo kiel la kerno de la diferencoj) inter Aŭstrio kaj Hungario.
14 "Kitt Österreichs" (Heinrich Friedjung, 1851–1920, cit. laŭ Penížek 1906, 378).

ankaŭ kun la germana kiel la oficiala lingvo, kaj la hungaraj teraj trupoj ("Landwehr", hungare "Honved"), en kiu la hungara estis utiligita kiel la armelingvo (ankaŭ la kroata en unu el la sep distriktoj). Foje oni ankaŭ provis imiti tion en Bohemio: En 1886, germandevenaj oficiroj en bohemaj regimentoj estis instigitaj lerni la ĉeĥan lingvon, dum en la sama tempo estis deklarite en Vieno ke "la germana lingvo estas kaj restas la armea lingvo".[15] En 1897 de nove estis formulite, ke "ĉiu oficiro krom la armea lingvo devus lerni la regimentan lingvon".[16] Tamen okazis skandalo en 1898, kiam pluraj soldatoj de ĉeĥa origino ne uzis la bezonatan germanan "Hier!" (Jen!), kiam oni vokis iliajn nomojn, sed la ĉeĥan "Zde!", kio kaŭzis arestpunojn kaj foje eĉ akuzojn de ribelo, sed aliflanke ankaŭ kaŭzis postulon pri agnosko de la ĉeĥa kiel armea lingvo.[17] En Hungario oni kriis "Jelen!", kio kondukis al similaj sekvoj (kp. Anonimulo 1899b).

La koncerna *oficiala* armea aŭ komanda lingvo neniel estu konfuzita kun la *ne-oficiala* soldatlingvo uzata en ĉiuj kampoj de la militistaro, kiu estas konfuze ofte ankaŭ nomata "armea lingvo". Ĝi estas formo de mokado kaj insultado, kiu konsistas el krudaj esprimoj kaj estis uzata, ekzemple, por priskribi diversajn militistajn branĉojn: La fortikaĵartileriisto estis nomata "kazemata furzo", la infanteristo "piedtuka indiano",[18] por nomi nur kelkajn ekzemplojn. Ekipaĵo, armiloj, manĝaĵoj, punoj kaj multe pli da aferoj ankaŭ ricevis tiajn esprimojn (kp. Horn 1905).

3 Volapuko kiel armea lingvo

Iom post iom la problemo – kreskanta "subpremo de la germana armea lingvo en la 'komuna' armeo"[19] – ekhavis ĉiam pli grandajn proporciojn, tiel, ke oni estis kvazaŭ devigita serĉi alternativon, aŭ almenaŭ pensi pri ĝi:

> Die Kriegsverwaltung wird sich infolge dessen eines Tages vor den schicksalsschweren Entschluß gestellt sehen, vor welchen sie die slavischen Wortführer von jeher stellen wollten, vor den Entschluß: die Einheit der Heeressprache und damit die Einheit des Heeres selbst aufzugeben. (Dumreicher 1893, 111)

> (La milita administrado rezulte iam troviĝos antaŭ la fatala decido, kiun la slavaj porparolantoj ĉiam volis alfronti, la decido: rezigni pri la unueco de la armea lingvo kaj tiel pri la unueco de la armeo mem.)

---

15 [dass] "die deutsche Sprache die Armeesprache ist und bleibt" (Anonimulo 1886, 4292).
16 [dass] "jeder Offizier neben der Armeesprache die Regimentssprache erlernen muß" (Penížek 1906, 60).
17 Kp. ekz. Anonimulo (1898, 1899a) kaj pluraj artikoloj; kp. ankaŭ Penížek (1906, 377–382).
18 "Kasemattenfurz", "Fußlappenindianer".
19 "Zurückdrängung der deutschen Armeesprache im 'gemeinsamen' Heere" (Anonimulo 1906).

Por efike kontraŭstari tiun danĝeron, estis konsilinde uzi neŭtralan lingvon akcepteblan por ĉiuj partoprenantoj. Ĉi tie ankaŭ planlingvoj ricevis atenton. Komence temis pri Volapuko, antaŭ la apero de Esperanto la plej sukcesa tiaspeca projekto, kiun la Habsburga Imperio volis uzi eksperimente. En la *Montags-Revue aus Böhmen* de la 2-a de majo 1887, sub la titolo "Malgranda Kroniko"[20] oni raportis, ke Volapuko estas serioza internacia komunikilo kaj ke certa "Graf Taaffe" – tio estas Eduard Franz Joseph Graf Taaffe (1833–1895), la ŝtatisto, kiu laboris en diversaj postenoj en Aŭstrio – "povas paroli eĉ pli bone en Volapuko ol en la germana"[21] kaj tial ne nur celis enkonduki Volapukon en ĉiuj lernejoj, sed ankaŭ ankri ĝin en la konstitucio de la ŝtato en formo de nova Artikolo 19a (Anonimulo 1887).[22] La artikolo daŭrigas: "Ĉar Volapuko plejparte konsistas el mallongaj vortoj, ĝi estas praktike farita por armea lingvo."[23] Rupert Kniele, kronikisto de la Volapuka movado, povis konstati en 1887: "En Aŭstrio precipe la militistaro tre interesiĝas pri Volapuko, militistaro de la plej alta rango vere entuzismas pri Volapuko."[24] kaj en la unua eldono de la Volapuka revuo *Rund um die Welt* 1888 legeblas en mallonga letero de "S-ro Majoro de K. el Berlino": "Volapuko estas tre serioze konsiderata de la aŭstria militistaro kiel armea lingvo."[25] En novembro 1891 aperis en la revuo *Revista científico-militar* (Barcelono) hispana (aŭ kataluna?) kontribuo pri "La lecionoj en Volapuko ĉe la militaj akademioj".[26] – Sed ekzistis ankaŭ kritikaj voĉoj, ekzemple de la

---

20 "Kleine Chronik".
21 "kann in Volapük noch besser reden als in deutscher Sprache".
22 Artikolo 19 de la Baza Ŝtato Leĝo de 1867 reguligis la egalecon de la popoloj en la ŝtato jene: "Alle Volksstämme des Staates sind gleichberechtigt, und jeder Volksstamm hat ein unverletzliches Recht auf Wahrung und Pflege seiner Nationalität und Sprache. Die Gleichberechtigung aller landesüblichen Sprachen in Schule, Amt und öffentlichem Leben wird vom Staate anerkannt. In den Ländern, in welchen mehrere Volksstämme wohnen, sollen die öffentlichen Unterrichtsanstalten derart eingerichtet sein, daß ohne Anwendung eines Zwanges zur Erlernung einer zweiten Landessprache jeder dieser Volksstämme die erforderlichen Mittel zur Ausübung in seiner Sprache erhält." (Ĉiuj triboj en la ŝtato havas egalajn rajtojn, kaj ĉiu tribo havas netuŝeblan rajton konservi kaj kulturi siajn naciecon kaj lingvon. La ŝtato agnoskas la egalajn rajtojn de ĉiuj ĉi-lande kutimaj lingvoj en lernejoj, oficejoj kaj publika vivo. En landoj, en kiuj loĝas pluraj triboj, la publikaj edukaj institucioj estu organizitaj tiel, ke ĉiu el tiuj triboj ricevu la necesajn rimedojn por praktiki sian propran lingvon sen esti devigita lerni duan nacian lingvon.) (Staatsgrundgesetz 1867, art. 19); kp. la detalan komenton de von Dumreicher (1893, 92–96 piednoto 1, precipe 93).
23 "Da das Volapük zumeist aus kurzen Wörtern besteht, ist es zur Armeesprache geradezu geschaffen."
24 "In Österreich interessirt sich namentlich das Militär sehr für das Volapük, Militärpersonen vom höchsten Range schwärmen förmlich für das Volapük." (Kniele 1887, 13–14).
25 "H. Major von K. aus Berlin": "von österreichischen Militärs wird Volapük als Armeesprache sehr ernst genommen", Anonimulo 1888).
26 Kp. Anonimulo (1891), kun la germanlingva [!] titolo "Der Unterricht im Volapük auf den Militär-Akademien"; la kontribuo estas rekomendita ("wird empfohlen"), sed ne estas trovebla aŭ dokumentita alialoke.

aŭstra generalo kaj Imperiestra Militministro Ferdinand Freiherr von Bauer (1825–1893), kiu, kiam ĉeĥa delegacio postulis la samajn rajtojn, kiuj estis donitaj al la hungaroj, diris: "Volapukon de kanonoj mi permesas, sed la armea lingvo ne devas simili al Volapuko."[27]

Ĉar Volapuko ekzistas ekde 1879, nature leviĝas la demando, ĉu Arkiduko Rudolfo konis la mondan helplingvon kreitan de pastro Johann Martin Schleyer. Kiel rilate al Esperanto, unue oni devas rimarki, ke Volapuko en eventuala funkcio kiel armea lingvo ne estas menciita en liaj propraj skribaĵoj, nek en la koncernaj biografioj.[28] Tamen la atentema kaj klera kronprinco verŝajne ne preternotis la fakton, ke Volapuko estis vaste disvastigita ekde 1883 kun la fondiĝo de la *Unua Aŭstria Mondlingva Asocio en Meidling*[29] kaj aliaj kompareblaj grupoj en Aŭstrio-Hungario – en 1889, la jaro de la morto de Rudolfo, ekzistis dudek asocioj (listigitaj ĉe Kniele 1889, 90–92). La kulmino de la evoluo estis la kunfandiĝo en 1888 de la asocio de Meidling kun la *Scienca Mondlingva Asocio de Vieno*, fondita en 1887, por formi la *Aŭstrian Centran Asocion por Volapuko en Vieno*.[30] Krome, la libro *Eine Orientreise*, presita sub la nomo de Rudolfo en diversaj versioj en 1881, 1884 kaj 1885, estis tradukita al Volapuko (Rudolf 1881/1889; kp. Mitis 1928/1971, 421), kun malĝusta jaro de eldonado 1885.

4 Esperanto en la militistaro

Neniam komenciĝis praktika uzo de Volapuko kiel armea lingvo. Samtempe al la iom-post-ioma eligo de la ellaboraĵo de Schleyer per la Lingvo Internacia de Zamenhof, komenciĝinta jam en 1888, neeviteble ekestis la demando, kian funkcion Esperanto povus ludi en tiu ĉi rilato. Fakte ekzistis diversaj ligoj al la militistaro, sed en tute malsamaj rilatoj ol pri Volapuko: Dum ĉi-lasta devus funkcii kiel la komandlingvo en la aŭstria-hungara multetna armeo – Volapuko neniam estis diskutita en la armeoj de aliaj landoj – la tasko de Esperanto estis proponita pli por komunikado inter oficiroj de diversaj ŝtatoj. Estis ankaŭ grava tempo-interspaco, ĉar la unuaj ligoj aperis nur ĉirkaŭ 1905, t. e. post la unua Universala Kongreso de Esperanto en Bulonjo-ĉe-Maro.

Rimarkinde, unu el la unuaj dokumentoj estis karikaturo en la viena satira gazeto *Die Bombe*, kun la titolo "armea lingvo":

---

27 "Ein Volapük der Kanonen lasse ich gelten, aber die Armeesprache darf nicht dem Volapük gleichen." (Anonimulo 1893).
28 Kp. piednotoj 3 kaj 4.
29 Erster österreichischer Welt-Spracheverein in Meidling (kp. Kniele 1889, 17).
30 Wissenschaftlicher Weltspracheverein Wien. Oesterreichischer Centralverein für Volapük in Wien (Kniele 1889, 64, 91).

Armeesprache.

Ich seh' schon, es wird nix übrig bleiben: mir wer'n 's Esperanto einführen müssen!

Bildo 2: Karikaturo "Armeesprache" (Anonimulo 1905)

La bildo montras ŝajne sendisciplinan grupon de ordinaraj soldatoj, al kiuj ilia superulo kriegas, sen ke liaj vortoj ŝajnas havi ajnan efikon. La rekrutoj evidente ne komprenas, kion oni provas komuniki al ili; alivorte, la sceno montras per troigita maniero kiel komandlingvo *ne* funkcias. La bildteksto komentas: "Mi komprenas, ne restas alia ebleco: ni devos enkonduki Esperanton!" Ĉi tie oni akre kritikas la nekapablon solvi la komunikadproblemon en la militistaro, kiu ekzistas de jaroj. Samtempe oni dubas ĉu Esperanto taŭgas.

Sed okazis ankaŭ serioza debato: Multnombraj samtempaj raportoj priskribas la evoluojn en pluraj landoj, kie la utileco de Esperanto estis rekonita kaj engaĝiĝo kun ĝi estis subtenita en formo de lingvokursoj por oficiroj, prelegoj kaj aliaj aranĝoj. Tio okazis en Francio, Belgio, Britio, Japanio, Rusio, Bulgario, Hispanio – kaj ankaŭ "en Aŭstrio jam estis farita la unua paŝo por konigi la lingvon al la oficiroj de nia armeo."[31] Unu el la plej aktivaj iniciantoj ĉi tie estis la kapitano de artilerio Adolf Engel, kiu faris du prelegojn en marto 1907 en Przemyśl kaj Jaroslaw, urboj en Galicio, dum en Vieno Esperanto ŝajne tiam ne estis studita (Anonimulo 1907). Nur en la unuaj monatoj de 1910 Engel prelegis en Vieno pri "Esperanto kiel la plej bona solvo de la problemo de internacia helplingvo".[32] Sekvis pliaj prelegoj

---

31 "in Österreich ist der erste Schritt bereits geschehen, um die Sprache den Offizieren unserer Armee bekannt zu machen" (Anonimulo 1907).
32 "Esperanto als beste Lösung des Problems einer internationalen Hilfssprache" (Anonimulo 1910a).

(kp. ekz. Anonimulo 1910b, c, d, e), sed pli malofte pri Esperanto kiel armea aŭ komandlingvo ol pri ĝia funkcio kiel universale uzebla komunika lingvo. Sed oni ankaŭ konstatis: "Ne necesas pruvi, kiom utilas Esperanto en militado, precipe ĉar en la lastaj jaroj ni ofte vidis, ke la nacioj sendis komunajn ekspediciajn korpusojn."[33] La konstato, ke Esperanto povas esti lernata kompare rapide, persvadis kelkajn elstarajn oficirojn disvastigi la lingvon inter ordinaraj soldatoj (Anonimulo 1910f).

Inter la aktivuloj de tiuj jaroj ankaŭ estis la aŭstro Andreas Lochner, kiuj intense laboris por disvastigi Esperanton en militistaj rondoj. En 1912 li publikigis tripartan studon pri "La lingvo Esperanto kaj ĝia milita signifo",[34] kiu estas plejparte ĝenerala laŭdado,[35] kun komentoj pri la evoluo kaj historio, gramatiko ĝaj la ĝeneralaj avantaĝoj de Esperanto, ankaŭ kontraste al Ido kaj aliaj reformprovoj. Koncerne ĝian uzadon en milito, Esperanto "estos tre utila, kaj eĉ eble fariĝos neceso, kie armitaj fortoj de du aŭ pli da alianciĝintaj ŝtatoj agas en la sama militejo."[36] Rilate al la uzado de Esperanto en militoperacoj faritaj kune de la armeoj de pluraj landoj, priparolata de Adolf Engel (vidu supre), Lochner donas kelkajn raportojn pri situacioj en kiuj Esperanto *ne* estis parolata sed povus estis utila. Kiom Esperanto povas esti utile uzata kiel komandlingvo de "supro" al "malsupro" en tiuj aŭ aliaj kuntekstoj ene de unuopaj trupunuoj ne estas klarigita.

La fontoj klare montras, ke la uzado de Esperanto kiel armea lingvo ĉiam estis nur diskutata teorie. Tute alia praktika solvo aperis dum la Unua Mondmilito, almenaŭ por parto de la aŭstria-hungaria armeo, nome "armeslava".[37] Ĝi estis uzata ĉe la orienta fronto kaj difinita kiel "miksaĵo de ĉiuj ĉeĥ-kroat-polaj lingvoj kaj dialektoj de Aŭstrio-Hungario";[38] oni eĉ nomis ĝin "imperiestra kaj reĝa Esperanto, kiu reprezentis miksaĵon de ĉiuj idiomoj de la popoloj unigitaj en la malnova armeo."[39]

---

33 "Wie nützlich Esperanto im Kriegswesen sein würde, ist nicht nötig zu beweisen, um so mehr, als wir in den letzten Jahren oft sahen, daß die Nationen gemeinsam Expeditionskorps entsandten." (Anonimulo 1910f).
34 "Die Esperantosprache und ihre militärische Bedeutung" (Lochner 1912).
35 Resume legeblas en la fina parto: "So hoffen auch wir Esperantisten, daß die internationale Hilfssprache Esperanto in nicht mehr ferner Zeit allgemein eingeführt sein wird zum Segen der Menschheit." (Lochner 1912, tria parto: 5) (Do ankaŭ ni esperantistoj esperas, ke la internacia helplingvo Esperanto baldaŭ estos ĝenerale enkondukata, al la beno de la homaro.)
36 "[...] namentlich dort von großem Nutzen sein, ja unter Umständen geradezu zur Notwendigkeit werden, wo Streitkräfte zweier oder mehrerer verbündeter Staaten auf einem Kriegsschauplatz operieren" (Lochner 1912, dua parto: 3).
37 "Armeeslawisch".
38 "Gemisch aller tschechisch-kroatisch-polnischen Zungen und Mundarten Oesterreich-Ungarns" (Roda Roda 1917, 33; kp. Scheer 2022, 269). – Roda Roda jam antaŭ la milito uzis la vorton "armemongola" ("Kommißmongolisch"; Roda Roda 1904, 9).
39 "k. u. k. Esperanto, das eine Mischung aller Idiome der in der alten Armee vereinigten Völker darstellte" (Pizzini 1917, 61, cit. laŭ Scheer 2022, 269).

5 Esperanto en la milita medicina servo

Ankaŭ en periferiaj partoj de la militistaro, t. e. en unuoj, kiuj ne rekte batalis, Esperanto ludis – denove plejparte teorian – rolon, ekzemple en la medicina servo. Kadre de la Kvara Universala Kongreso de Esperanto en Dresdeno en 1908, la 19-an de aŭgusto okazis multklariga demonstrado: Tridek homoj kun la germana kiel gepatra lingvo ricevis Esperanto-kapablojn en akcelita procezo, antaŭ ol kelkaj el ili simulis vunditojn, kiuj estu prizorgataj de la aliaj. La komunikado – pridemandadoj de la "vunditoj" kaj instrukcioj por kuracado pere de la trejnisto, d-ro Adolf Thalwitzer – devis esti faritaj ekskluzive en Esperanto, kaj fakte, kiel montriĝis fine, ĉiuj ordonoj estis "plene kaj precize plenumitaj, sen ke eĉ unu vorto de la germana estus parolata."[40]

En la oficiala kongresa raporto la tuta afero legeblas tiel:

> Je la sesa vespere okazis, sub direktado de D-ro Thalwitzer, praktikaj ekzercoj de 30 anoj de la sanista roto de la saksa landunuiĝo de Ruĝa-Kruco, en kiu Esperanto estas oficiale enkondukita. Ĉiuj komandoj estis faritaj en Esperanto kaj la ekzercoj, je kiuj inter aliaj ruĝ-krucanoj esperantistaj kaj ne-esperantistaj ĉeestis D-ro Zamenhof, estis tute sukcesplenaj. (Corret/ERA 1908, 46)

La demonstrado devis pruvi la taŭgecon de Esperanto, sed menciindas, ke en kriz-okazo, t. e. milito, kono de Esperanto devas jam esti disponebla kiel antaŭkondiĉo por la sukceso de medicina prizorgado – apenaŭ estus tempo por instrui Esperanton al la koncernatoj.

Kelkaj aliaj ligoj inter Esperanto kaj la militistaro estu menciitaj: Esperanto fariĝis deviga lernobjekto en la milita bestkuracista akademio en Madrido (Anonimulo 1910h) kaj la Munkena *Asocio Gabelsberger de Militaj Stenografiistoj* ankaŭ okupiĝis pri la "naturo, celo kaj utilo de Esperanto".[41] Sed nenie Esperanto estis proponita kiel komandlingvo – almenaŭ ne en la kontribuaĵoj menciitaj ĝis tie ĉi.

6 Propono de pacifisto

En la jaro 1904 aperis malgranda kontribuo de aŭtoro, pri kiu oni verŝajne ne vere atendas, ke li okupiĝus pri la solvo de internaj militistaj problemoj: Alfred Hermann Fried (1864–1921).[42] Li estis unu el la plej influaj pacifistoj

---

[40] "[...] stramm und exakt ausgeführt, ohne daß auch nur ein deutsches Wort dabei gesprochen wurde" (Lochner 1912, dua parto: 4).
[41] Gabelsberger-Militär-Stenographen-Verein. "Wesen, Zweck und Ziel des Esperanto" (Anonimulo 1910g).
[42] Mi elkore dankas al mag. Bernhard Tuider, Aŭstria Nacia Biblioteko, por la atentigo pri ĉi tiu fonto.

de sia tempo (por biografio kaj agado vidu Tuider 2010, 2018 kaj 2023; Schönemann-Behrens 2011, 2022 k.a.). Je la jarcentŝanĝo li komencis studi Esperanton. En 1903 estis eldonita la unua eldono de lia germanlingva lernolibro pri la internacia helplingvo Esperanto (Fried 1903, 2-a eldono 1905); sekvis diversaj artikoloj pri Esperanto kaj la evoluo de la Esperanto-movado en la ĉiutaga kaj pacmovada gazetaro. En 1905 li partoprenis la unuan Universalan Kongreson de Esperanto, kaj en 1911 li ricevis la Nobel-Premion pri Paco.

En sia studo Fried (1904) unue skribas pri la provo establi Volapukon kiel armean lingvon, sed konsideras tion kiel ŝerco ("Kompreneble, ĝi estis intencita nur kiel ŝerco.")[43] – Volapuko laŭ Fried ĝenerale estis malsukcesa projekto por solvi la mondlingvan problemon.[44] Tamen li rekonas ankaŭ la pozitivajn aspektojn en la provo kaj konkludas, ke, koncerne la tiaman progreson en la mondlingva problemo, Esperanto certe taŭgas por funkcii kiel armea kaj komanda lingvo.

Sekvas kelkaj klarigoj pri kiel Esperanto funkcias kaj pri la historio de la movado. Fried emfazas la precizecon de la lingvo, kiu pruviĝis pli granda en Esperanto ol en ajna vivanta [!] lingvo,[45] same la rapidan lerneblecon, kiu igus Esperanton grava por uzo en la armeo (Fried 1904, 75).

Fried eĉ listigas kelkajn ordonojn, kiuj laŭ li povus soni proksimume ("ungefähr") tiel (notu la manskribitajn korektojn kaj la literformojn č, ǧ, š anstataŭ ĉ, ĝ, ŝ – verŝajne ĉar la eldonejo ne havis la eblecon apliki la ĝustajn supersignojn):

```
Habt Acht!  = Atentu!
Augen rechts!  = Okuloj dekstre!
Ruht!  = Ripozu!
Reihen abfallen!  = Linoj disigi!
Detachement marsch!  = Tačmento maršu!
Gewehr bei Fuß!  = Pafilo al piedo!
Schultert das Gewehr!  = Šultruj pafilon!
Eins, zwei, drei  = Un, du, tri!
Herr Hauptmann, melde gehorsamst!  = Sinjoro kapitano mi scigas obeeme!
Pflanzt das Bajonett auf!  = Surmetu bajoneton!
Hier!  = Čeesto! u. s. w.
```

Bildo 3: Proponitaj komandaj vortoj de Alfred Hermann Fried (1904, 75)

---

43 "Natürlich war das nur im Scherz gemeint." (Fried 1904, 72–73).
44 "das Volapük war ein mißlungener Versuch, das Weltsprachenproblem zu lösen." (Fried 1904, 73).
45 "die Präzision, die erwiesenermaßen beim Esperanto größer ist, als bei irgend einer lebenden [!] Sprache" (Fried 1904, 75).

Laŭ Fried, la traduko de pliaj regularoj kaj ilia efektivigo estus facilaĵo ("Leichtigkeit"), kaj la lingva problemo en la aŭstria-hungaria armeo povus esti solvita rapide (Fried 1904, 75). Rimarkinde estas, ke la redaktoroj de la revuo *Wage*, en kiu aperis la artikolo de Fried, tute ne kredas je la realigeblo de tiu ĉi sufiĉe strangsona propono, sed tamen publikigas ĝin:[46] Tiel kritike, kiel Fried taksas Volapukon, tiel kritike liaj propraj ideoj estas taksataj.

7 P. A. M. kaj lia vizio de unuiĝinta Mezeŭropo

Per la fino de la Unua Mondmilito kaj la dissolvo de la Habsburga Duobla Monarkio en 1918, la temo de armea lingvo – kiel "komandlingvo" – estis eliminita por Aŭstrio, kiu ne plu estis pluretna ŝtato. La novkreitaj landoj nature uzis siajn proprajn naciajn lingvojn, tie la germana kiel la armea lingvo kaj la rilataj komunikadproblemoj estis historio.

Sed jam en 1920 – tipe, ke en Vieno – la ŝlosilvorto denove aperis en la publika fokuso, kaj nun ankaŭ rilate al la ideo de unuiĝinta Eŭropo. Nekonata aŭtoro P. A. M. (Maaß? Mullner? La mallongigo ne estas klare solvebla) publikigis studon, kiu traktas la formadon de "estonta unuigita ŝtato de Mezeŭropo". Ĝia gvidprincipo estis "Unu flago, unu lingvo, unu nacio!" kun "Esperanto, la moderna mondlingvo" servanta kiel la komuna lingvo.[47] Post transira periodo de 25 jaroj post la fondiĝo, laŭ la aŭtoro, ĉiu "uniona civitano" kapablus tiel paroli la lingvon, ke Esperanto povus "esti enkondukita kiel komandlingvo en la armeo",[48] post pliaj 20 jaroj ankaŭ kiel ŝtata lingvo. Nur tiam oni povos pripensi, ĉu la denaskaj lingvoj de la unuopaj kantonoj, en kiujn la nova ŝtato estos dividita, ankoraŭ devos esti instruataj en lernejoj (P. A. M. 1920b: 5). Tio, cetere dirite, kontraŭdirus la bazan principon de Esperanto, kiu neniam volas anstataŭigi iun ajn etnan lingvon. En siaj utopiaj pensoj la nekonata aŭtoro konsideras ankaŭ aliajn organizajn aspektojn, ekzemple la enkondukon de komuna horzono ("La nunaj okcidenteŭropa, mezeŭropa kaj orienteŭropa tempoj devas malaperi, tiu de Sankta Stefano devas esti konsiderata la sola."[49]), komuna valuto – la dolaro, sed kun ŝtatrilataj reprezentantoj sur moneroj kaj biletoj –, unuecaj poŝtmarkoj kaj multe pli (P. A. M. 1920b: 5). La celita amplekso de la estonta nacia teritorio videblas en mapo, kiu samtempe aperis aparte (P. A. M. 1920a).

---

46 "[...] an die Durchführbarkeit dieses recht seltsam anmutenden Vorschlages" (Fried 1904, 72 piednoto).
47 "Zukunfts-Einheitsstaat Mitteleuropa", "Eine Flagge, eine Sprache, eine Nation!", "Esperanto, die moderne Weltsprache" (P. A. M. 1920b, 4).
48 "Unionsbürger", "als Kommandosprache bei der Wehrmacht [!] eingeführt werden".
49 "Die gegenwärtige west-, mittel-, osteuropäische Zeit hat zu verschwinden, jene von St. Stephan hat als alleinige [...] zu gelten." (P. A. M. 1920b, 5).

Memkompreneble ankaŭ la politika strukturo, formado de registaro, personaligo de ministerioj, militservo kaj la balotsistemo estas detale prezentataj. Interesa detalo: Ambaŭ seksoj rajtas veni al la voĉdonejo, sed edziĝintaj virinoj ne rajtas voĉdoni. Kialo: Edzino estas "en unueco kun sia edzo pri siaj politikaj konvinkoj",[50] la edzo reprezentas ilin ambaŭ ĉe la balotujo. Pasivaj voĉdonrajtoj ekzistas ekskluzive por viroj (P. A. M. 1920b, 15). Cetere, Svislando devus fariĝi parto de la Unio; Danio devus iĝi la nova neŭtrala ŝtato (P. A. M. 1920b, 8).

Pri la armea lingvo la aŭtoro aldonas jenon:

> In der ersten Zeit ist für die Romanen-Armee Französisch, für die Germanen-Armee Deutsch, für jene der Slawen Polnisch und für jene der Magyaren Ungarisch als Kommandosprache einzuführen. Sobald aber Esperanto als alleinige Armeesprache obligatorischen Bestand hat, hört die Vierteilung der Armee auf, die Nationalarmeen verschwinden, die Einheitsarmee tritt an ihre Stelle. Dann wird jeder Truppenkörper aus allen Nationen, die in demselben prozentuell aufgebaut und aufgeteilt werden, bestehen. (P. A. M. 1920b, 18).

(Komence por la armeo de la romanoj oni enkonduku kiel komandan lingvon la francan, por la ĝermana armeo la germanan, por la slava armeo la polan kaj por la hungara armeo la hungaran. Sed tuj kiam Esperanto fariĝos deviga kiel sola armea lingvo, ĉesos la divido de la armeo en kvaronojn, malaperos la naciaj armeoj, kaj la unuigita armeo anstataŭos ilin. Tiam ĉiu armea korpuso konsistos el ĉiuj nacioj, kiuj estos ĝiaj membroj laŭ sia procentaĵo.)

En tiu ĉi utopio vivas la ideo, kiun ankaŭ Zamenhof kaj aliaj pacpensistoj intencis realigi, nome la proksimigo de la nacioj kaj la almenaŭ parta forigo de naciaj kaj lingvaj limoj (kp. Lins 2016). Sed la ideoj de la monogramisto P. A. M. restis vizio. La nuntempa *Eŭropa Unio* certagrade kreskis al politika, sed ne al lingva unueco. Kaj kvankam la *Nordatlantika Defenda Organizaĵo* kovras grandajn areojn de Eŭropo, ĝi per la angla kiel la "armea lingvo" en la moderna senco ne uzas neŭtralan lingvon, kia estus Esperanto. Resume: La nunaj ŝtatoj-konfederacioj, kaj EU kaj NATO, nur parte similas al la Unia Ŝtato de P. A. M.

En 1933 la temo denove aperis, kiam la aŭstra generalo Carl Vaugoin (1873–1949), longtempa ministro pri defendo de la lando, formulis:

> Zum Förderer dieser Weltsprache [also des Esperanto] muß jeder werden, dem der Völkerfriede am Herzen liegt, nicht zuletzt der Soldat, ohne Unterschied der Nation, als der berufene Wahrer des Friedens. (Anonimulo 1933)

---

50 "[...] in ihrer politischen Überzeugung mit dem Ehemanne eins" (P. A. M. 1920b, 15).

(Ĉiu, kiu zorgas pri la internacia paco, devas fariĝi subtenanto de ĉi tiu mondlingvo [t. e. Esperanto], ne laste la soldato, sendepende de la nacio, kiel la destinita protektanto de la paco.)

Plej malfrue nun Esperanto estis evoluinta de intencita nacia armea lingvo al internacia paca lingvo.

8 Finaj konsideroj

Ni rerigardu la deirpunkton de nia ekzamenado: Arkiduko Rudolfo siatempe pensis nek pri unuiĝinta Eŭropo nek pri Esperanto kiel ĝia oficiala lingvo. En la filmdokumentaĵo farita en 2022 tio simple estas esprimita malĝuste, aŭ almenaŭ misgvide. Prefere oni diru, ke la pensoj de Rudolfo moviĝis ĉirkaŭ problemo, kiu estis diskutita longe antaŭ li kaj post lia morto, nome tiu de la komuna oficiala kaj armea lingvo en la plurgenta ŝtato Aŭstrio-Hungario, kies sorton Rudolfo kiel estonta imperiestro iam devintus gvidi. Volapuko kaj poste Esperanto estis traktataj kiel unuecigaj lingvoj, sed ne povis establi sin en la duobla monarkio. Volapuko neniam estis parolata en la armeo, kaj ligoj inter Esperanto kaj la militistaro ofte restis nur supraĵaj. Aliroj per lingvokursoj estis traktitaj sed ne finitaj: En konkreta armea uzo, Esperanto reglitis en la fonon. La neŭtrala mondlingvo Esperanto ĝuis multe pli grandan sukceson kiel lingvo de paco – kaj tiel ĝi estas uzata ĝis hodiaŭ.

Fontoj kaj Literaturo

Anonimulo. 1851. "Lesefrüchte." *Oesterreichischer Soldatenfreund. Zeitschrift für militärische Interessen* kajero 77 (28.06.1851): 308.

Anonimulo. 1886. "Oesterreichisch-ungarische Monarchie." *Allgemeine Zeitung* [München] kajero 292 (21.10.1886): 4291–4292.

Anonimulo. 1887. "Kleine Chronik." *Montags-Revue aus Böhmen* kajero 18 (02.05.1887): 3.

Anonimulo. 1888. "Briefkasten." *Rund um die Welt. Eine Zeitschrift für Volapükisten* kajero 1: kol. 14.

Anonimulo. 1891. "Inhalts-Uebersicht der periodischen Militär-Literatur des In- und Auslandes. IV. Vierteljahr 1890." Sekcio "X. Verschiedenes." *Militär-Literatur-Zeitung. Literarisches Beiblatt zum Militär-Wochenblatt* kajero 1 (jan. 1891): kol. 96.

Anonimulo. 1893. "Oesterreich-Ungarn." [Nekrologo por Reichskriegsminister Feldzeugmeister Frhrn. v. Bauer.] *Allgemeine Zeitung* [München] kajero 204 (25.07.1893): 2.

Anonimulo. 1898. "Ausland." *Neue Zürcher Zeitung* kajero 302 (31.10.1898), Zweites Abendblatt: [2].

Anonimulo. 1899a. "Gegen die deutsche Armeesprache." *Neue Zürcher Zeitung* kajero 66 (07.03.1899), Morgenblatt: [2].

Anonimulo. 1899b. "Oesterreich-Ungarn." *Zürcherische Freitagszeitung* kajero 49 (08.12.1899): [1].

Anonimulo. 1905. [Karikaturo] "Armeesprache." *Die Bombe. Moderne Humoresken* kajero 46 (12.11.1905): 4. http://data.onb.ac.at/rec/AC04762332 (22.01.2025)

Anonimulo. 1906. "Oestreich-Ungarn [!]." *Coburger Zeitung* kajero 287 (08.12.1906): [1]–[2].

Anonimulo. 1907. "Das Militär und Esperanto." *Neuigkeits-Welt-Blatt* [Wien] kajero 71 (27.03.1907): 7.

Anonimulo. 1910a. "Militärkasino." *Wiener Zeitung* kajero 18 (23.01.1910): 5.

Anonimulo. 1910b. "Esperanto beim Militär." *Deutsches Volksblatt* [Wien] kajero 7585 (13.02.1910): 6.

Anonimulo. 1910c. "Esperanto beim Militär." *Die Zeit* [Wien] kajero 2654 (13.02.1910): 4.

Anonimulo. 1910d. "Vorträge und Vereinsnachrichten." Sekcio "Esperanto beim Militär." *Neues Wiener Tagblatt* kajero 48 (18.02.1910): 12.

Anonimulo. 1910e. "Esperanto beim Militär. Ein Vortrag im Militärwissenschaftlichen Verein." *Neuigkeits-Welt-Blatt* [Wien] kajero 39 (18.02.1910): 5.

Anonimulo. 1910f. "Esperanto und das Militär." *Neuigkeits-Welt-Blatt* [Wien] kajero 152 (07.07.1910): 15.

Anonimulo. 1910g. "Veranstaltungen des Tages. Freitag, 11. November." *Münchner neueste Nachrichten* kajero 528 (11.11.1910), General-Anzeiger: 3.

Anonimulo. 1910h. "Nachrichten aus dem 'Esperanto-Reich'." *Neuigkeits-Welt-Blatt* [Wien] kajero 296 (29.12.1910): 15.

Anonimulo. 1933. "Esperanto – das Latein des Volkes." Sekcio "Esperanto und Militär." *Neue Eisenstädter Zeitung*, aldonajô *Burgenländischer Anzeiger* kajero 41 (08.10.1933): [1].

[Bevölkerungsgruppen s. j.] Bevölkerungsgruppen in Österreich-Ungarn im Jahr 1910. [Mapo, bazita sur William R. Shepherd. 1911. *Historical Atlas*.] Wikimedia Commons. https://upload.wikimedia.org/wikipedia/commons/f/fd/Austria_Hungary_ethnic_de.svg (22.01.2025)

Bilgeri, Reinhold kaj Iris Fegerl. 2022. *Wilhelm und Rudolf – die verfeindeten Prinzen*. Televida filmo. ZDF. – detaloj informoj: https://www.imdb.com/de/title/tt28920642/?ref_=ttco_ov (18.01.2025)

Corret, Pierre/ERA. 1908. *Raporto pri la Kvara Kongreso de Esperantistoj*. Paris: Presa Esperantista Societo. http://data.onb.ac.at/dtl/6101760 (27.01.2025)

Dumreicher, Armand von. 1893. *Südostdeutsche Betrachtungen. Eine nationale Denkschrift*. Leipzig: Duncker & Humblodt. https://www.deutsche-digitale-bibliothek.de/item/VXFXQL2KVOOYXUUWCN4LVCTTQF6MD5LR (27.01.2025)

Fried, Alfred. 1903. *Lehrbuch der internationalen Hilfssprache "Esperanto". Mit Wörterbuch in Esperanto-Deutsch und Deutsch-Esperanto*. Berlin: Esperanto-Verlag. http://data.onb.ac.at/dtl/5048216 (27.01.2025), 2-a eld. 1905. Stuttgart: Franckh'sche Verlagshandlung. http://data.onb.ac.at/dtl/5051716 (27.01.2025)

Fried, Alfred H[ermann]. 1904. "Eine neutrale Kommando- und Armeesprache für die die österr.-ungar. Armee." *Die Wage* [!]. *Eine Wiener Wochenschrift* VII, 1. Halbjahr, Januar–Juni: 72–76.

Hamann, Brigitte. 1978. *Rudolf. Kronprinz und Rebell*. Wien/München: Amalthea. Poŝlibra eld. 1997. München/Zürich: Piper.

Hamann, Brigitte, red. 1979. *Kronprinz Rudolf. "Majestät, ich warne Sie…". Geheime und private Schriften*. Wien/München: Amalthea.

Hamann, Brigitte. 2005. *Kronprinz Rudolf. Ein Leben*. Wien: Amalthea Signum.

Horn, Paul. 1905. *Die deutsche Soldatensprache*. 2-a eld. Gießen: Alfred Töpelmann. https://archive.org/details/diedeutschesold02horngoog/page/n5/mode/2up (27.01.2025)

Hugo, Victor. 1845. *Le Rhin. Lettres à un ami*. Nova eld. Paris: Renouard.

H. v. M. 1871. "Ueber die herbstlichen Truppen-Uebungen." *Neue Militär-Zeitung* [Wien] kajero 83 (14.10.1871): 665–666.

Jaksch, Wenzel. 1958. *Europas Weg nach Potsdam. Schuld und Schicksal im Donauraum*. Stuttgart: Deutsche Verlags-Anstalt.

Kniele, Rupert. 1887. "Vortrag des Herrn Obervorstandes und vpa.-plofed's Kniele Rupert, gehalten bei der 5. Generalversammlung des Württ. Weltsprachevereins am 1. Mai 1887 in Stuttgart." En *Öffentlicher Vortrag des Herrn Weltsprache-Obervorstandes und Plofed's Rupert Kniele, Arzt in Allmendingen, über die Ausbreitung der Weltsprache volapük: gelegentlich der 5. Generalversammlung des ersten württembergischen Weltsprachevereins in Stuttgart 1. und 2. Mai 1887: nebst 4 berichterstattenden Artikeln hierüber aus öffentlichen Blättern*, 6–17. Konstanz: Zentralbureau der Schleyer'schen Weltsprache. http://data.onb.ac.at/dtl/6945289 (27.01.2025)

Kniele, Rupert. 1889. *Das erste Jahrzehnt der Weltsprache Volapük. Entstehung und Entwicklung von Volapük in den einzelnen Jahren, nebst Uebersicht über den heutigen Stand der Weltsprache, Weltspracheklubs u.s.w.* Überlingen am Bodensee: A. Schoy. http://data.onb.ac.at/dtl/2973317 (27.01.2025)

Lins, Ulrich. 2016. "Ein unbekannter Brief von Joseph Roth aus dem Jahr 1916." Wien: Literaturhaus Wien. https://www.literaturhaus.at/index.php?id=11559&L=412 (29.12.2024)

Lochner, Andreas. 1912. "Die Esperantosprache und ihre militärische Bedeutung." *Danzer's Armee-Zeitung* kajero 22 (30.05.1912): 4–5; kajero 23 (06.06.1912): 2–4; kajero 25 (20.06.1912): 4–5.

Mitis, Oskar Freiherr von. 1928. *Das Leben des Kronprinzen Rudolf*. Leipzig: Insel. Nova eld. 1971. Wien/München: Herold.

P. A. M. 1920a. Das neue Europa mit dem dauernden Frieden. Die Unionisierung Mitteleuropas. [Mapo.] https://commons.wikimedia.org/wiki/File:Das_Neue_Europa_Mit_Dem_Dauernden_Frieden._Die_Unionisierung_Mitteleuropas.jpg (22.01.2025)

P. A. M. 1920b. *Die Unionisierung Mitteleuropas! Ein Wegweiser zum Dauerfrieden*. Wien: aŭtoro. https://archive.org/download/17-zz-2688/17ZZ2688.pdf (22.01.2025)

Penížek, Josef. 1906. *Aus bewegten Zeiten. 1895–1905. Lose Blätter*. Wien: Carl Konegen. https://archive.org/details/ausbewegtenzeite00penuoft/page/n3/mode/2up (27.01.2025)

Pizzini, Ricco. 1917. *Durch! März bis Dezember 1917. Ein Erleben im Weltkriege*. Graz: Leykam.

Roda Roda, [Alexander] [pseŭdonimo de Sándor Friedrich Rosenfeld]. 1903. "Die ungarische Armeesprache." *Die Zukunft* [Berlin] (05.09.1903): 397–400.

Roda Roda, [Alexander]. 1904. "Wiener Rundgänge." *Danzer's Armee-Zeitung* kajero 6 (11.02.1904): 8–9.

Roda Roda, [Alexander]. 1917. *Russenjagd*. Wien/Leipzig: Karl Konegen (Ernst Stülpnagel).

Rudolf [Erzherzog]. 1881. *Eine Orientreise*. Wien: Kaiserlich-Königliche Hof- und Staatsdruckerei – traduko: Rudolf. 1889. *Lefüdänatäv fa klonaleson Rudolf de Löstän-Nugän ko demag e disapenäd klonalesona*, tradukis P. Lederer. Leipzig: Mayer. http://data.onb.ac.at/dtl/3059688 (27.01.2025)

Scheer, Tamara. 2022. *Die Sprachenvielfalt in der österreichisch-ungarischen Armee (1867–1918)* Wien: Heeresgeschichtliches Museum. (Schriften des Heeresgeschichtlichen Museums, 31).

Schiemann, Th. 1906. *Deutschland und die große Politik anno 1905*. Berlin: Georg Reimer. https://www.degruyter.com/document/doi/10.1515/9783112376805/html (27.01.2025)

Schönemann-Behrens, Petra. 2011. *Alfred H. Fried. Friedensaktivist – Nobelpreisträger*. (Disertaĵo Universität Bremen 2004.) Zürich: Römerhof. – traduko: Petra Schönemann-Behrens. 2022. *Alfred Hermann Fried. Peace Activist and Nobel Prize Laureate*. Leiden/Boston: Brill.

"Staatsgrundgesetz vom 21. Dez. 1867." *Reichs-Gesetz-Blatt für das Kaiserthum Oesterreich*, Jaro 1867: 394–396.

Szeps, Julius, red. 1922. *Kronprinz Rudolf. Politische Briefe an einen Freund, 1882–1889*. Wien/München/Leipzig: Rikola.

Thiele, Johannes. 2008. *Kronprinz Rudolf 1858-1889. Mythos und Wahrheit*. Wien: Brandstätter. Nova eld., redaktis Adam Wandruszka. Wien/München: Herold.

Tuider, Bernhard. 2010. *Alfred Hermann Fried. 1881*. (Magistra laboraĵo Universität Wien 2007.) Saarbrücken: VDM Verlag Dr. Müller.

Tuider, Bernhard. 2018. "'Kiel vi vidas, via incito je lerni Esperanton ne estis vana.' Alfred Hermann Fried (1864-1921) kaj lia rilato al Esperanto." En *En la mondon venis nova lingvo. Festlibro por la 75-jariĝo de Ulrich Lins*, redaktis Gotoo Hitosi, José Antonio Vergara, Kimura Goro Christoph, 220–241. Novjorko: Mondial.

Tuider, Bernhard. 2023. "Alfred Hermann Fried: Mein Kriegs-Tagebuch." En *Weltkriegstagebücher. Von Bachmann bis Zweig*, redaktis Gernot Wimmer, 13–40. Wien: Böhlau.

Pri la aŭtoro

D-ro Bernd Krause estas liberprofesia historiisto. Liaj laborkampoj estas interalie muzikhistorio kaj -scienco, genealogio, paleografio, interlingvistiko kaj onomastiko. Li ankaŭ laboras kiel lektoro kaj estas fakdelegito por historio, muzikhistorio kaj muziko klasika ĉe UEA.
Retpoŝto: bernd.krause@geschichtswissenschaften.com
Retejo: www.geschichtswissenschaften.com

About the author

Bernd Krause, PhD, is a freelance historian. His work focuses i. a. on music history and science, genealogy, palaeography, interlinguistics, and onomastics. He also works as a reader, furthermore he is special delegate for history, music history, and classical music for the Universal Esperanto Association UEA.

Über den Verfasser

Dr. Bernd Krause ist freiberuflicher Historiker. Arbeitsschwerpunkte sind u. a. Musikgeschichte und -wissenschaft, Genealogie, Paläographie, Interlinguistik und Onomastik. Er ist auch als Lektor tätig und ist Fachdelegierter für Geschichte, Musikgeschichte und klassische Musik beim Esperanto-Weltbund UEA.

Between army language and language of peace
Observations on the use of Volapük and Esperanto in the Dual Monarchy of Austria-Hungary

Abstract: In a documentary about the heirs of the thrones William (Wilhelm) of Hohenzollern and Rudolf of Habsburg, published in 2022, it is mentioned that Rudolf was dreaming of a united Europe with Esperanto as its official language. Looking into the most important sources (Rudolf's own writings and letters) and considering biographical studies on Rudolf, this statement can be proved wrong. In fact, Rudolf is concerned with the army language of Austria-Hungary, the language of the military in which orders were given and reports were transmitted. Since this was German, many soldiers in the multi-ethnic state who had only learned their own mother tongue did not understand it. To counteract this problem, Volapük and Esperanto were considered as possible army languages. In 1920, after the dissolution of Austria-Hungary, there was even a vision of a future unified state in Central Europe in which Esperanto would be the only language used in the long term, and thus also as the army language of united armed forces.

Keywords: army language(s), Volapük and Esperanto in Austria-Hungary, united Europe

Zwischen Armeesprache und Sprache des Friedens
Beobachtungen zur Verwendung von Volapük und Esperanto in der Doppelmonarchie Österreich-Ungarn

Zusammenfassung: In einer 2022 veröffentlichten Dokumentation über die Thronfolger Wilhelm von Hohenzollern (1859–1941) und Rudolf von Habsburg (1858–1889) wird erwähnt, dass Rudolf von einem vereinten Europa mit Esperanto als Amtssprache geträumt habe. Unter Berücksichtigung der wichtigsten Quellen (Rudolfs eigene Schriften und Briefe) sowie biographischer Studien kann belegt werden, dass diese Behauptung falsch ist. Rudolf thematisiert vielmehr die Armeesprache Österreich-Ungarns, die Sprache des Militärs, in der Befehle gegeben und Meldungen vermittelt wurden. Da dies Deutsch war, verstanden sie viele Soldaten im Vielvölkerstaat nicht, die nur ihre eigene Muttersprache erlernt hatten. Um dem Problem entgegenzuwirken, wurden Volapük und Esperanto als mögliche Armeesprachen ins Kalkül gezogen. 1920, nach Auflösung Österreich-Ungarns entstand sogar die Vision eines zukünftigen Einheitsstaates Mitteleuropa, in dem Esperanto auf Dauer als einzige Sprache verwendet werden sollte, also auch als Armeesprache vereinigter Streitkräfte.

Schlüsselwörter: Armeesprache(n), Volapük und Esperanto in Österreich-Ungarn, vereinigtes Europa

Kristin Tytgat
Belgio

La Internacia Asocio de Policistoj kaj Esperanto Notico

Resumo: La Internacia Asocio de Policistoj (IPA) uzas Esperanto-emblemon: "Servo per amikeco". En tiu ĉi artikolo ni esploras kio estas IPA kaj kio estas ĝiaj celoj kaj historio. Ni komparas la multajn paralelojn en la organiza strukturo de IPA kun tiuj de Universala Esperanto-Asocio.

Ŝlosilvortoj: Internacia Asocio de Policistoj; Amikeco; Paco; Emblemo; Celoj; Organiza strukturo

1 Enkonduko

Dum iu vintra tago je la komenco de 2024 mi vojaĝis de Belgio al Rusio. Pro la milito en Ukrainio la itinero de tiu vojaĝo estas tre komplika. Mi flugis de Bruselo al Tallinn, la ĉefurbo de Estonio. Poste mi daŭrigis la vojaĝon buse al Sankt-Peterburgo. Je la limo Estonio–Rusio, en la urbo Narva, io okazis pri kio mi nun volas rakonti al vi, enkonduke al la temo de tiu ĉi artikolo.

Eble vi scias ke nuntempe estas multe da politika maltrankvilo en tiu estonia limurbo Narva ĉar ĝi troviĝas tre proksime al Rusio kaj en ĝi loĝas precipe rusparolantoj.

Nia buso el Tallinn al Peterburgo enviciĝis por la limproceduroj kaj la pasaĝeroj devis longe atendi, kio komprenebe estas tre enuiga. Cetere, nuntempe busoj ne plu povas traveturi tiun limstacion. Oni nur piede povas pasi la estonian–rusian limon. La atendotempo estas fakte ne nur enuiga, sed samtempe streĉiga, ĉar neniam estas certe ĉu civitano de NATO-lando povos eniri Rusion.

Sekve oni sidas sur la busa seĝo kun ĉiuj dokumentoj enmane kaj rigardas kiel limkontrolistoj eniras la buson kiel blankaj neĝopupoj. Kiel ili faras demandojn, kolektas kaj rigardas dokumentojn kaj nervoziĝas kiam pasaĝero havas ukrainian pasporton. Se ĉio estas en ordo, la limkontrolistoj denove eliras. La estonia polico kontrolas ĉu ĉiuj pasaĝeroj rajtos poste trapasi la rusian limon, aliel oni restos en iu neniulando sur neŭtrala 'ponto de amikeco'. Intertempe mi jam estis iom dormema, sonĝis pri paco kaj malfermaj limoj kaj pri la internacia lingvo de amikeco Esperanto.

Ĝuste en momento kiam mi vekiĝis, la estonia policisto pasis min en la mallarĝa busa koridoreto, ekstaris apud mia seĝo, kaj subite mi rimarkis tre belan insignon sur lia dekstra supra brako kun la vortoj "Servo per amikeco". Unue mi pensis ke mi vere ekdormis kaj havis belan sonĝon pri Esperanto ĉar ne eblas renkonti Esperanton en tiu ĉi danĝera, politike streĉita loko. Poste mi lernis lian nomon (Anto) kaj demandis kial li portas emblemon en Esperanto. Li klarigis ĉion sed diris "amikeko". Mi korektis lin kaj diris ke la prononco estas "amikeco". Ĉar la dokumentoj de ĉiuj buspasaĝeroj intertempe jam estis en ordo, li afable vokis min eliri el la buso en la neĝo por pli rakonti pri tiu insigno.

Tie mi staris en politika maltrankvila angulo de Eŭropo, parolanta pri Esperanto kun afabla estonia policisto. Mi volis foti la emblemon sed bedaŭrinde oni ne rajtas foti ĉe la limo. Mia intereso komprenebla vekiĝis pri la afero, mi iom esploris kaj hodiaŭ ŝatas rakonti al vi pli da detaloj pri tiu ĉi polica asocio kiu uzas emblemon en Esperanto.

2 Kio estas IPA?

IPA aŭ Internacia Asocio de Policistoj estas tutmonda organizo por stimuli amikecon inter la membroj de la polico kiuj aŭ ankoraŭ laboras aŭ jam pensiiĝis. IPA akceptas membrojn sen diferenco de funkcio, sekso, raso, lingvo aŭ religio. IPA havas proksimume 372.000 membrojn en preskaŭ 100 landoj. En 65 landoj ekzistas landaj sekcioj de IPA sur la ses kontinentoj. IPA estas ne-registara organizo kies celoj estas krei kaj plifortigi amikecajn ligojn inter la membroj de la polico, stimuli internacian kunlaboron sur socia, kultura kaj profesia kampoj, enkuraĝigi pacan kunvivadon inter la popoloj kaj konservi la mondan pacon. IPA respektas la principojn de la Universala Deklaracio de Homaj Rajtoj kaj havas interalie konsultajn rilatojn kun Unesko.

3 Iom da historio

La brito Arthur Troop naskiĝis en 1914 en Anglio kaj fariĝis policisto post siaj studoj. Post la Dua Mondmilito li revis pri la fondo de monda organizo por amikeco ĉe policistoj. Li preferis ke homoj inter si parolu kaj ne batalu. En tiu tempo tamen la policistoj kaj la ministerio pri internaj aferoj ne subtenis lin kaj konsideris lin strangulo.

En 1948-1949 Troop publikigis artikolon pri sia revo en la brita polica revuo sub pseŭdonimo kaj ricevis surprize pozitivan reagon. Tio instigis lin fondi IPA-n la 1-an de januaro 1950 kun la Esperanto-slogano 'Servo per Amikeco'. IPA kreis sekciojn en la tuta mondo kaj en septembro 1955 okazis la unua monda kongreso en Parizo. Troop estis Ĝenerala Sekretario ĝis 1966. Post la fondiĝo de IPA la opinio pri la organizo ŝanĝiĝis en pozitiva direkto kaj ĝi ricevis multajn medalojn, interalie en 1965 Troop ricevis la Britan Empirian Medalon por sia laboro. En 1969 estis fondita internacia konferenccentro en la kastelo Gimborn apud Kolonjo en Germanio kie oni instruas kaj kunsidas.

Nuntempe la kvanto da IPA-membroj ankoraŭ kreskas. En 2020 la asocio ekzistis 70 jarojn. Ekzistas landaj sekcioj en Afriko en interalie Botsvanio, Esvatinio, Kenio, Lesotio, Maŭricio, Mozambikio kaj Sudafriko. Laŭ mia scio ankoraŭ ne en Tanzanio.

4 Emblemo kaj himno

La emblemo estis desegnita de Arthur Troop mem kaj ĝi montras okpunktan stelon kun terglobo, kelkaj laŭrofolioj kaj skribrulaĵo.

Bildo 1: La emblemo de IPA laŭ Ipa-international.org

Ĝia slogano estas 'Servo per Amikeco' en Esperanto post kontaktoj kun la brita esperantisto Bob Hamilton. Parto de la IPA-estraro volis la sloganon en la latina lingvo 'Servire per Amicitiam' sed Esperanto gajnis kun 3 kontraŭ

2 voĉoj, ĉar IPA opiniis ĝin la lingvo de la estonteco. Dum la unua Monda Kongreso en 1950 en Parizo oni longe diskutis pri la emblemo sed ĝi restis finfine ĝis nun senŝanĝe kiel mi povis rimarki sur la brako de la estonia policisto.

En 1966 la organizo akceptis himnon: la teksto estis verkita en la franca de Pierre-Marie Guillemot kun muziko de Alfred Couat. Ĝi sonis unuafoje dum la kongreso en 1966 en Toronto.

5 Paraleloj kun UEA

Mi mencios mallonge kelkajn elementojn de la strukturo de IPA. Konante UEA-n kaj ĝian strukturon, vi povos mem malkovri plurajn paralelojn inter la du organizoj.

5.1 Statutoj

Artikolo 1	IPA estas politike sendependa, neŭtrala organizo, neprofitdona kaj en konsultaj rilatoj kun Unesko.
Artikolo 3	La emblemo estas 'Servo per Amikeco' (en Esperanto).
Artikolo 6	La oficiala lingvo estas la angla. IPA-dokumentoj povas ankaŭ esti publikigitaj en la franca, germana kaj hispana lingvoj. Novaĵleteroj ankaŭ en aliaj lingvoj.
Artikolo 7	Celoj estas interalie • krei kaj plifortigi ligojn de amikeco inter la membroj. • antaŭenigi internacian kunlaboron en socia, kultura kaj profesia kampoj. Por atingi tiujn celojn, IPA subtenante toleremon, pacon, respekton por leĝo kaj ordo, komprenemon inter la popoloj, evoluigas nacie kaj internacie interalie: • interŝanĝoprogramojn kaj vizitojn • profesiajn seminariojn • kulturajn ekspoziciojn • kontaktojn kun aŭtoritatoj • publikaĵojn kaj kampanjojn.

5.2 Strukturo de la organizo

1. Estraro kun prezidanto, kasisto, sekretario, estrarano pri internaciaj rilatoj, estrarano pri administrado kaj profesia kaj soci-kultura komisionoj.
2. Sidejo: internacia administra centro.
3. Komisionoj: internaciaj rilatoj, profesia komisiono kaj soci-kultura komisiono.

4. Landaj sekcioj.
5. Jarraporto.
6. Strategia plano 2023-2027 kun projektoj pri interalie diverseco, egaleco, instruado, virinoj, junuloj, sporto, vojaĝoj, arto kaj kulturo kaj ekologio.
7. Ĉiujara monda kongreso.
8. Pasporta servo.

6 Konkludo

IPA havas multe da similaj celoj kaj ideoj kompare kun UEA, kvankam la organizo havas alispecajn membrojn kaj aktivecojn. Sed la esenco estas klara: ni vivas sur la tero kun aliaj homoj kaj ni faru tion kiel eble plej amikece. Tio estas sendube la komuna celo de ambaŭ organizoj.

IPA estas fortega, grandega organizo de kiu UEA eble ankoraŭ povas lerni ion rilate al organizado kaj agado. Aliflanke UEA havas ankaŭ siajn fortajn flankojn kiel ekzemple la ekziston, kreskon kaj prosperon de esperantistoj en malpli evidentaj landoj sur la tero.

Kaj kompreneble UEA havas unu lingvon, kio stimulas bonan interkompreniĝon inter la membroj kaj evitas malegalecon surbaze de la lingvo.

En mia hejmurbo Antverpeno (Belgio) apud la Esperanto-centro troviĝas la sidejo de la belga sekcio de IPA. Ĉu eble indas foje kontakti la belgan prezidanton de IPA?

Bibliografio

Service through Friendship. 2025. https://www.ipa-international.org (13.04.2025)

Pri la aŭtoro

Kristin Tytgat estas Esperanto-aktivulino el Belgio. Ŝi studis lingvojn kaj ilian kulturon. Dum la profesia vivo ŝi instruis al tradukistoj kaj interpretistoj en la Libera Universitato de Bruselo. En Esperanto-aranĝoj ŝi ofte prelegas pri interkultura komunikado.

Retadreso: kristin.tytgat@skynet.be

About the author

Kristin Tytgat is active in the Belgian Esperanto movement. She studied languages and their culture. During her professional life she taught translators and interpreters at the Free University of Brussels. She often lectures on intercultural communication at Esperanto events.

Über die Verfasserin

Kristin Tytgat ist in der belgischen Esperanto-Bewegung aktiv. Sie studierte Sprachen und deren Kultur. Während ihrer beruflichen Laufbahn unterrichtete sie Übersetzer und Dolmetscher in der Freien Universität Brüssel. Sie hält häufig Vorträge zu interkulturellen Themen bei Esperanto-Verantstaltungen.

The International Police Association and Esperanto

Abstract: The International Police Association (IPA) uses a motto in Esperanto: "Servo per amikeco" (Service through friendship). In this article we explore what IPA stands for and what the goals and the history of IPA are. We compare the many parallels in the organisational structure between IPA and the Universal Esperanto Association.

Keywords: International Police Association; Friendship; Peace; Emblem; Objectives; Organisational Structure

Die International Police Association und Esperanto

Die International Police Association (IPA) verwendet eine Devise auf Esperanto: "Servo per amikeco" (Dienst durch Freundschaft). In diesem Artikel untersuchen wir, wofür die IPA steht und welche Ziele und Geschichte sie hat. Wir vergleichen die vielen Parallelen in der Organisationsstruktur zwischen der IPA und der Universala Esperanto-Asocio.

Schlüsselwörter: International Police Association (Internationale Vereinigung der Polizei); Freundschaft; Frieden; Emblem; Ziele; Organisationsstruktur

Ulrich Lins
Gesellschaft für Interlinguistik, Germanio

Recenzo de la libro
Rapley, Ian. 2024. *Green star Japan: Esperanto and the international language question.* Honolulu: Hawai'i University Press.

Pri "Esperanto en Japanio" temas tiu ĉi libro de la brita japanologo Ian Rapley. Enkonduke li konstatas, ke la temo ĝis nun ricevis nur marĝenan trakton en la historiografio pri Japanio. Por montri, ke tiu neglekto estis erara, li unue levas la demandon, kiel la lando rilatis al la ekstera mondo, kiam meze de la 19a jarcento ĝi forlasis sian longan izolitecon. Observante la alvenon de eksterlandaj ŝipoj en siaj havenoj, Japanio devis rapide esplori, kio konsistigas la potencon de la fremduloj kaj kiel ĝi armu sin kontraŭ deekstera minaco. Por lerni tion ĝi komence dependis de la nederlanda lingvo, kiu estis la ĉefa perilo de scio antaŭ la malfermiĝo. Baldaŭ la japanoj komprenis, ke por la grandega ekonomia kaj politika tasko konstrui modernan ŝtaton ili devas ankaŭ lingve adaptiĝi. Estis interligiĝo de du taskoj: reformoj en la japana lingvo kaj energiaj paŝoj por aranĝi la manieron de komunikiĝo kun la mondo ekster la propraj landlimoj. La defio de modernigo portempe naskis radikalajn ideojn kiel tiun, ke Japanio devos forskui sian lingvon kaj komplikan skribon kaj plene transiri al la angla lingvo.

Scivolo kaj eksperimentemo estis la ĉefaj karakterizaĵoj de la epokaj ŝanĝoj, kiujn Japanio travivis fine de la 19a, komence de la 20a jarcento. Dum kelkaj monatoj en 1887/88 kelkaj fervoruloj levis la demandon, ĉu ne enkonduki tute novan lingvon. Estis ioma propagando por Volapük, kies adeptoj entuziasme skribis pri estonta mondo, kiu ne plu konas lingvajn problemojn. En 1889 aperis ampleksa vortaro: *Vödasbuk volapükik-yapänik*. Sed ne estiĝis movado, kaj malpli ol dudek jarojn poste la atento de multaj japanoj, ofte kun tre malsama persona fono, koncentriĝis al Esperanto rapide disvastiĝanta ekde la nova jarcento. Surprize, en 1906 la japania Esperanto ne plu estis nur ricevanto, sed komencis jam doni: anarkiistoj helpis al areto da ĉinoj kaj eŭropanoj krei per Esperanto reton de samideanoj-revoluciuloj.

En 1919 estis fondita Japana Esperanto-Instituto (JEI), fakte tutlanda asocio. Helpis ĝian disfloradon, ke en la jaroj post la Unua Mondmilito en Japanio simile kiel en aliaj landoj estiĝis novaj esperoj pri paco kaj harmonio en la mondo. La "interna ideo" de Esperanto, kiu dekomence estis populara inter japanaj esperantistoj, akiris novan aktualecon, kiam prezentiĝis la okazo varbi por Esperanto en la diskutoj en Ligo de Nacioj. Krom Nitobe Inazō, la ĝenerala subsekretario de la Ligo, japanoj rimarkinde rolis en tiuj diskutoj, kelkaj el ili eĉ surloke en Ĝenevo, inter ili la poste famiĝonta folkloristo Yanagita Kunio, kiu multe admiris la verkon *Vivo de Zamenhof* de Edmond Privat kaj rekomendis uzi ĝin kiel kontribuon al la stila plibonigo de la japana lingvo.

Japanaj diplomatoj fine ne povis malhelpi la venkon de la kontraŭ-esperanta pozicio de Francio, sed ili demonstris la ŝancojn de internaciismo, precipe tiun, kiun apogis malgrandaj, nepotencaj nacioj. La pledo por Esperanto ligiĝis kun la ideo de egalrajteco de lingvoj kaj popoloj, eksplicite kun kontraŭstaro al koloniismo kaj rasismo. Prave la aŭtoro emfazas, ke la japanaj agantoj en la Ligo ludis ŝlosilan rolon en unu el la plej atentindaj momentoj en la historio de Esperanto. Paralele en Japanio mem la movado kreskis ankaŭ ekster la grandurboj. Al la evoluigo de loka kulturo estis donita internacia perspektivo, en kiu Esperanto servis kiel ilo kaj krome helpis kontraŭbatali antaŭjuĝojn pri postrestinteco de la enlandaj nordaj regionoj.

Ĉirkaŭ la sama tempo atenton altiris la karisma figuro de la ukraina-rusa poeto Vasil Eroŝenko, kiu impresis pro la spitado al la malavantaĝo de blindeco kaj, ne malpli, pro kortuŝaj literaturaĵoj, en kiuj ankaŭ ne-esperantistoj ekvidis la ĝermojn de nova mondo. Eroŝenko sukcesis demonstri la emocian potencialon de Esperanto. Kvankam tute ne ribelema, li estis false akuzita pro subfosado kaj en 1921 forpelita el Japanio. Adiaŭante lin homoj ploris. Poste, japanoj rimarkis kun admiro, ke Eroŝenko en Ĉinio amikis kun Lu Xun kaj aliaj influaj intelektuloj.

Eĉ se longe apenaŭ eblis praktiki Esperanton ekzemple per vojaĝado, la movado kontentige progresis en la 20aj kaj 30aj jaroj. Ĝi restis politike neŭtrala, sed profitis la altirprovon, kiun havis la socialismo kaj la kresko de esperantista aktivado en Soveta Unio. Sekvo estis, ke japanoj ekhavis pli ideologian komprenon de la laboro por Esperanto, tamen neeviteble ankaŭ, ke estiĝis inter komunistoj la tendenco forlasi idean flekseblon kaj dogme hardiĝi. Politikaj persekutoj kontraŭ maldekstraj esperantistoj sekvigis nombron da personaj tragedioj.

Dum la konflikto kun Ĉinio pliakriĝis, la japanaj esperantistoj alfrontis senprecedencan defion. Ili opiniis, ke, ĉar la ĉinoj estas pli kapablaj en lernado de lingvoj kaj plurlingve tre efike propagandas en eksterlando por sia starpunkto, al la japanoj nur restas la klopodo uzi Esperanton por sciigi al la mondo la pozicion de Japanio. Sed la imperio jam troviĝis en senelirejo; la kunpuŝiĝo kun Usono evoluis al mondmilito. Estis terura tempo por la japanaj esperantistoj, nun devigitaj akordigi sian internaciismon kun la imperiisma retoriko de la regantoj. Tiurilate Rapley konkludas, ke diference de Germanio kaj aliaj landoj la Esperanto-movado en Japanio ne faris troajn cedojn al la reĝimo kaj tiel evitis kompromitiĝon. Li emfazas, ke tra sia historio la japana Esperanto-movado, laborante por tio, ke la japanoj akiru internacian engaĝiĝon, konservis mirindan kontinuecon. Kvankam heterogena, la movado sukcesis esti tre solidara. Io simila kiel la ŝanco ĉe Ligo de Nacioj ne revenis al ĝi (nek al la monda movado), sed post la milito, ekde la sesdekaj jaroj, japanaj esperantistoj malkovris, kiom utila kaj plezuriga estas la utiligo de Esperanto dum vojaĝado. Iĝis pli grave, ankaŭ por ili, apogi sin sur la esperantista komunumo ol sur esperoj pri "venko".

La studo de Ian Rapley estas interesega. Similan pri la movad-historio de alia lando mi ne konas.

Pri la recenzanto

Ulrich Lins estas germana historiisto, kies studo pri la persekutoj kontraŭ la Esperanto-movado (1988, 2016), estas tradukita en ok lingvojn.

Retadreso: u.lins@gmx.net

About the reviewer

Ulrich Lins is a German historian whose work on the persecutions of the Esperanto movement has been translated into eight languages.

Über den Rezensenten

Ulrich Lins ist Verfasser des Buches *Die gefährliche Sprache. Die Verfolgung der Esperantisten unter Hitler und Stalin* (1988).

Dan Savatovsky
(Professeur émérite à l')
Université Sorbonne Nouvelle, Paris

Compte-rendu du livre
Mira Sarikaya. 2023. *Die bestmögliche aller Sprachen. Eine exemplarische Betrachtung künstlicher Sprachen und ihre Einbettung als Folgeprojekte des Leibniz'schen Traums einer Lingua Universalis.*
Dissertation Universität Hamburg.
https://ediss.sub.uni-hamburg.de/bitstream/ediss/10880/1/Sarikaya-Die%20beste%20aller%20mo%CC%88glichen%20Sprachen.pdf

Le titre de cette thèse[1] évoque au premier chef, bien entendu, le *topos* leibnizien du « meilleur des mondes possibles » et c'est, en effet, à l'examen des projets leibniziens de langue universelle (désormais : LU) que l'auteure consacre la première partie de son ouvrage. Tout en s'étendant aussi en-deçà (Llull, Dalgarno, Wilkins…) et au-delà de Leibniz (Sudre, Zamenhof…), son investigation demeure cependant tout entière placée sous l'égide de Leibniz, puisque c'est à l'aune des « critères » identifiables chez ce dernier que sont examinés divers projets de LU (le solresol de Sudre principalement) ou de langue internationale auxiliaire (désormais : LIA) – l'espéranto principalement. Des projets qui appartiennent, on le voit, aussi bien aux systèmes *a priori* qu'aux systèmes *a posteriori* – pour reprendre la distinction, désormais classique, introduite par Couturat et Leau dans leur *Histoire de la langue universelle* (1903), une distinction dont l'auteure relativise cependant la pertinence et dont elle souligne de manière convaincante l'inaptitude à permettre de catégoriser telle ou telle langue particulière (p. 78–80), voire à identifier les pasigraphies dans leur ensemble comme des langues *a priori*. Elle étudie donc à la fois des langages formels (idéographies lo-

---
1 *La meilleure des langues possibles.* Deux chapitres de la thèse ont été publiés antérieurement (Sarikaya 2020).

gico-mathématiques, langages de programmation), des langages philosophiques (propres surtout à l'âge classique) et des LIA, réunies sous l'expression de « langues planifiées » (*Plansprachen*) empruntée au terminologue E. Wüster.

Dans la mesure où M. Sarikaya s'attache à montrer que « les objectifs de la LU et de la plupart des langages planifiés sont difficiles, voire impossibles à atteindre » (p. 24), il est aussi question dans son ouvrage d'autres systèmes de signes visant à l'universalité, comme les codes pictographiques : un chapitre porte ainsi sur l'Isotype (*International System of Typographic Picture Education*) élaboré par Otto Neurath, un des membres du Cercle de Vienne. Le travail se poursuit avec une réflexion consacrée à *l'ingénierie conceptuelle* (p. 163-175), conçue comme une alternative aux LU et LIA. C'est dans ce cadre que M. Sarikaya discute, à la lumière des écrits du dernier Carnap (1950), des conditions et des formes d'une *intersémantique*, « un lexique (...) qui fixe de manière normative les termes nécessaires à une communauté mondiale. »[2]

Le choix par l'auteure de ces objets d'étude repose sur une double hypothèse qui vise à garantir l'unité de son propos : (i) la LU de Leibniz ne contient pas seulement des éléments formels, relevant d'un *calculus ratiocinator*, mais aussi proprement linguistiques – en témoigne notamment l'analyse leibnizienne de la structure de la proposition; (ii) « les langages planifiés sont plus formels que nous ne le pensons »[3]. Ainsi, les deux types de systèmes que sont les LU et les langages planifiés sont plus proches l'un de l'autre qu'il n'y paraît et on peut considérer les premières comme annonciatrices des seconds.

La genèse et le développement des différents projets de Leibniz – qu'il s'agisse de son *ars characteristica* (un « alphabet des pensées humaines ») ou de l'élaboration préalable d'instruments heuristiques intermédiaires (une grammaire rationnelle des langues vivantes ordinaires et, pour atteindre à cette grammaire, un latin rationalisé) – ainsi que ceux de ses précurseurs, ont donné lieu à une très abondante littérature et la thèse de M. Sarikaya n'apporte rien de vraiment nouveau à cet égard.[4] L'intérêt de son approche

---

2 « Daher führe ich mit der *Intersemantik* die Idee einer Art partiellem und globalem [sic!] Lexikon ein, das Begriffe, die für eine Weltgemeinschaft nötig sind, normativ festlegt. » (p. 3).
3 « Plansprachen sind formaler als wir denken. » (p. 2).
4 Rappelons ici que Leibniz suppose, par provision, qu'entre la réforme grammaticale des langues vivantes et l'institution définitive de la LU (de type caractéristique), s'intercale le recours à une langue intermédiaire (« auxiliaire », commente Couturat) déjà en usage – utilisée de fait par les savants (d'où le choix du latin) – et dont la fonction serait surtout instrumentale : elle opérerait sur les langues sources de la grammaire rationnelle, dont elle serait la synthèse en acte, régulant leurs formes et permettant de les classer.

tient plutôt, d'une part, à la critique rétrospective des projets leibniziens, menée du point de vue de la logique contemporaine (de Gödel, en particulier, s'agissant de la visée d'exhaustivité ou, plus généralement, du calcul des prédicats du premier ordre, p. 99-104), d'autre part, à l'examen à la lumière des critères leibniziens des langages artificiels ultérieurement parus. Ces critères, étroitement liés entre eux, sont le degré d'universalité (nombre des locuteurs aussi bien que domaines d'application visés), la facilité d'apprentissage, la clarté et l'univocité des signes langagiers, la régularité grammaticale, l'exhaustivité expressive, la consistance logique. Ainsi, le solresol de Sudre souscrirait aux critères d'universalité, de facilité d'apprentissage, de faible nombre d'éléments de base, de catégorisation des concepts, d'utilisation de signes abstraits. Mais, en tant que langue partiellement *a priori*, il présente l'inconvénient de ne pouvoir s'adapter aux évolutions de nos connaissances sans qu'une grande partie de son lexique doive être modifiée. L'espéranto satisferait aux critères d'universalité (du moins en partie) et d'exhaustivité expressive, moins à celui de facilité d'apprentissage ou de consistance logique, mais, en tant qu'il suppose la libre formation des mots, nullement à celui de l'univocité du lexique requis par Leibniz (p. 151-157).

M. Sarikaya examine aussi à cette aune les raisons de l'échec de certaines langues à être adoptées ou diffusées de manière durable. Ainsi, s'agissant du volapük, le choix du lexique serait contre-intuitif, diffèrerait trop de celui des langues qui en constituent le substrat et contreviendrait ainsi au critère de facilité. Plus généralement parlant, l'auteure montre que le critère de facilité recèle une difficulté, voire une contradiction constitutive. En effet, la nouvelle invention linguistique devrait, dans le meilleur des cas, mettre à contribution toutes les langues en usage comme langues sources ou, tout au moins, celles qui sont les plus répandues, afin de mobiliser le plus grand nombre possible « d'intuitions linguistiques »[5] différentes, elles-mêmes relatives aux langues maternelles. Mais en même temps, elle doit contenir le moins possible d'éléments issus de langues inconnues pour les locuteurs individuels afin d'être plus facile à apprendre. Par ailleurs, comme M. Sarikaya croit pouvoir le vérifier à propos de l'espéranto – la seule LIA à avoir été adoptée par une communauté de locuteurs encore vivante – une LIA, une fois diffusée, est susceptible d'éclater en une pluralité de variétés dialectales:[6] autant de variétés que de groupes professionnels, nationaux ou

---

5 « ... möglichst viele sprachliche Intuitionen » (p. 66).
6 « ... entstehen bei einer freien Wortbildung schnell mehrere Bezeichnungen für denselben Begriff. Auf diese Weise enthält die Sprache dann nicht nur Doppeldeutigkeiten, sondern – und dies passiert dann spätestens bei weiter Verbreitung der Sprache – es bilden sich ganze Dialekte heraus, da verschiedene Untergruppen der Sprachgemeinschaft verschiedene Wortbildungen vornehmen. » (p. 69). « Lors de la formation libre d'un mot, plusieurs désignations apparaissent rapidement pour le même concept. De cette manière,

« ethniques » différents auxquels appartiennent les locuteurs qui l'auront choisie comme langue auxiliaire. Ce qui contreviendrait à la visée d'universalité.

Le choix de ne décrire de façon détaillée que le solresol de Sudre, l'espéranto de Zamenhof et l'isotype de Neurath est dans l'ensemble justifié : comme l'auteure le remarque (p. 158), il s'agit en effet de langues représentatives de trois types assez clairement différenciés. Dans la mesure où il s'agit d'évaluer chacune d'elles d'après les réquisits leibniziens, on peut cependant regretter que certains autres projets, fussent-ils proches d'une de ces trois-là, ne soient pas examinés, alors même que leurs auteurs revendiquent pour leur propre compte une proximité accrue avec les visées de Leibniz. C'est le cas de l'ido que Couturat, son promoteur, présente comme un simple perfectionnement de l'espéranto, alors que sous deux aspects au moins cette langue, qui procède d'une critique de l'espéranto, apparait plus conforme aux critères leibniziens. En ido, dérivation et composition sont régularisées selon deux principes. Un principe d'univocité d'après lequel toute notion doit pouvoir se réaliser en une forme et une seule ; un principe de réversibilité des dérivations : parce qu'il y a correspondance univoque et réciproque entre le sens et la forme des mots, l'on doit pouvoir retrouver l'ensemble des mots d'une même famille en supprimant les affixes des mots dérivés (voir Couturat 1907). L'articulation de ces deux principes, absents – selon Couturat – lors de la conception de l'espéranto, suppose que la racine d'un mot n'ait par elle-même aucun caractère grammatical déterminé.

S'agissant de la bibliographie mobilisée par M. Sarikaya, on peut également regretter que tous les travaux cités ne soient pas référencés et que la bibliographie seconde ne contienne presque exclusivement que des titres en langue anglaise ou en langue allemande. Par ailleurs, la plupart des références essentielles figurant dans l'ouvrage le sont rarement de première main, mais via divers auteurs, tel que J. Matt pour ce qui est des langages philosophiques de l'âge classique, V. Peckhaus pour ce qui est de l'influence de Leibniz sur les logiciens de la fin du 19e siècle (Peano, Schröder, Frege) ou D. Blanke pour ce qui est des langages planifiés.

---

la langue ne contient pas seulement des ambiguïtés mais – et cela se produit plus tard lorsque la langue se répand – des dialectes entiers se forment, car différents sous-groupes de la communauté linguistique forment des mots différents. » [notre traduction].

Bibliographie

Carnap, Rudolf. 1950. *Logical foundations of probability*. Chicago: University of Chicago Press.

Couturat, Louis. 1907. *Étude sur la dérivation en Esperanto*. Coulommiers : P. Brodard.

Couturat, Louis et Léopold Leau. 1903. *Histoire de la langue universelle*. Paris: Hachette. http://data.onb.ac.at/dtl/2912337

Sarikaya, Mira. 2020. « Die stille Sprache. Leibniz Traum in Neuraths Isotype und anderer Symbolik ». Dans *Jahrbuch der Gesellschaft für Interlinguistik 2020*, redigé par Cyril Robert Brosch et Sabine Fiedler, 125–136. Leipzig: Leipziger Universitätsverlag. http://www.interlinguistik-gil.de/wb/media/beihefte/JGI2020/JGI2020.pdf

Sur l'auteur

Dan Savatovsky est membre du laboratoire « Histoire des théories linguistiques » (Paris, CNRS). Ses recherches portent sur l'histoire et l'épistémologie de la linguistique ou de la philosophie du langage, en particulier aux XIXe et XXe siècles, et sur l'"histoire de l'enseignement des langues.
Courier électronique: dan.savatovsky@sorbonne-nouvelle.fr

Pri la recenzanto

Dan Savatovsky estas membro de la esplorgrupo Historio de lingvosciencaj teorioj (HTL, Parizo, CNRS). Lia esplorado koncernas la historion kaj epistemologion de lingvistiko aŭ filozofio de lingvo, kun fokuso sur la 19a kaj 20a; lia verkado ankaŭ okupiĝas pri la historio de lingvoinstruado.

About the reviewer

Dan Savatovsky is a member of the Laboratoire d'histoire des théories linguistiques (Paris, CNRS). His research concerns the history and epistemology of linguistics or philosophy of language, with a focus on the nineteenth and twentieth centuries; his work also engages with the history of language teaching.

Esperantologio estis fondita en 1949 de Paul Neergaard, kun 11-membra redakta komitato inter kiuj estis Björn Colllinder, William E. Collinson, Kálmán Kalocsay, Stefano La Colla, Gaston Waringhien kaj Eugen Wüster. Ĝi aperis neregule ĝis 1961. En 1999 ĝi estis revivigita kiel *Esperantologio / Esperanto Studies* fare de Christer Kiselman, kiu aperigis ĝis 2018 entute ok kajerojn. En 2019 ĝia eldonanto fariĝis la Centro de Esploro kaj Dokumentado pri Mondaj Lingvaj Problemoj (CED).

La Centro de Esploro kaj Dokumentado pri Mondaj Lingvaj Problemoj (CED) fondiĝis en la jaro 1952 de Ivo Lapenna. Ĝia celo estas esplorado de ĉiuj aspektoj de lingva politiko kaj lingvoplanado je internacia nivelo kaj la studo de lingvaj baroj al internacia komunikado. Krom *Esperantologio / Esperanto Studies*, CED ankaŭ respondecas pri la revuo *Language Problems and Language Planning*, fondita en 1977 kaj eldonata de la eldonejo John Benjamins, Amsterdam. Nome de CED, Esperantic Studies Foundation (ESF) publikigas ankaŭ la retan novaĵleteron *Informilo por Interlingvistoj* (https://interlingvistiko.net/informilo-por-interlingvistoj-arkivo) kaj aperigas ĝian anglalingvan version *Information for Interlinguists*. CED, kies nuna direktoro estas Mark Fettes, organizas konferencojn kaj subtenas esplorojn pri diversaj temoj en sia interesosfero.

Esperantologio was founded in 1949 by Paul Neergaard, with an 11-member editorial board that included among others Björn Colllinder, William E. Collinson, Kálmán Kalocsay, Stefano La Colla, Gaston Waringhien, and Eugen Wüster. It appeared irregularly until 1961. In 1999 it was revived as *Esperantologio / Esperanto Studies* by Christer Kiselman, who edited eight issues between then and 2018. In 2019, its publisher became the Centre for Research and Documentation on World Language Problems (CED).

The Centre for Research and Documentation on World Language Problems (CED) was founded in 1952 by Ivo Lapenna. Its mission is to explore all aspects of language policy and planning at the international level and the study of linguistic obstacles to international communication. In addition to *Esperantologio / Esperanto Studies*, CED is also responsible for the journal *Language Problems and Language Planning*, founded in 1977 and published by John Benjamins, Amsterdam. On CED's behalf, the Esperantic Studies Foundation (ESF) also publishes the online newsletter *Informilo por Interlingvistoj* and produces its English-language version *Information for Interlinguists* (https://interlingvistiko.net/informilo-por-interlingvistoj-arkivo). CED, whose current director is Mark Fettes, organizes conferences and supports research on a range of topics within its fields of interest.

www.ingramcontent.com/pod-product-compliance
Lightning Source LLC
Chambersburg PA
CBHW020805160426
43192CB00006B/452